IIIᵉ Congrès International d'Agriculture Tropicale

LONDRES — 1914

CONTRIBUTION

Pour l'étude des

Cotons des Colonies Portugaises

PAR LE

Prof. C. DE MELLO GERALDES

DIRECTEUR DU LABORATOIRE
DE TECHNOLOGIE COLONIALE ET DU MUSÉE AGRICOLE COLONIAL DE L'INSTITUT
SUPÉRIEUR D'AGRONOMIE, DE LISBONNE

LISBONNE

Imprimerie "A Editora Limitada"

Largo do Conde Barão, 50

1914

IIIᵉ Congrès International d'Agriculture Tropicale
LONDRES — 1914

CONTRIBUTION

Pour l'étude des

Cotons des Colonies Portugaises

PAR LE

Prof. C. DE MELLO GERALDES

DIRECTEUR DU LABORATOIRE
DE TECHNOLOGIE COLONIALE ET DU MUSÉE AGRICOLE COLONIAL DE L'INSTITUT
SUPÉRIEUR D'AGRONOMIE, DE LISBONNE

· · · · · ·

LISBONNE

Imprimerie "A Editora Limitada"

Largo do Conde Barão, 50

1914

Méthode d'étude

Les longueurs des fibres de coton ont été détérminées par le procédé
employé à l'Institut Impérial de Londres, c'est-à-dire, les fibres sont
étendues sur un morceau de velour noir collé sur un rectangle de carton,
bien résistant, ou de bois et mesurées au moyen d'une régle divisée en
millimètres.

Ce procédé nous a été indiqué par le directeur des Laboratoires de
l'Institut Imperial de Londres, le professeur Thomas Henry, lors de notre
visite à cet Institut en 1910. Depuis lors nous l'employons au Laboratoire
de Technologie Coloniale de l'Institut Supérieur d'Agronomie, car à notre
avis, il est le plus pratique de ceux connus jusqu'à présent.

Le nombre de mensurations faites sur chaque échantillon fut de 100
pour les cotons égrainés, et 1.000 pour les cotons non égrainés. Chaque
échantillon de coton égrainé à été divisé en 10 parties et sur chaqu'une
nous avons fait 10 mensurations.

Quant au coton non égrainé, on a mesuré la longueur des fibres de
20 graines de différentes loges, et on a mesuré 50 fibres de chaque
graine, 20 du sommet, 10 de chaque coté et 10 de la base.

Nous croyons que des mensurations plus nombreuses ne seront utiles
que pour le cas de la sélection des cotonniers.

Les résistances ont été déterminées au moyen du dynamomètre de
Mackenzie, dont l'emploi est indiqué par le professeur Merritt Matthews,
de la Philadelphia Textile School (1).

Les déterminations ont été faites comme suit: — Chaque échantillon
de coton égrainé fut divisé en 10 parties. De chacune de ces parties,

---

(1) M. Matthews.— The textile fibres, New-York, 1907, pag. 414.

après un soigneux mélange des fibres, de façon à avoir la plus grande homogénéité possible, on a pris une petite méche, dont les fibres furent rendues le plus paralleles possible en tirant au même temps par les deux extrémités de la méche en des sens contraires, et en superposant les fibres. L'opération a été répétée plusieures fois. La méche fut alors fixées par la pince supérieure de l'appareil.

Les fibres ont été peignées avec une aiguille montée de façon à les isoler et à éliminer celles qui ne furent prises par la pince. On a mesuré séparéments lá résistance de 5 fibres de chaque méche, en isolant chaqu'une au moyens d'une aiguille montée. Donc, on a fait la mensuration de la résistance de 50 fibres de chaque échantillon. En ce qui concerne les cotons non égrainés, ont a fait la mensuration des résistances des fibres sur 10 graines provenant de loges differentes. Ont a mesuré la résistance de 5 fibres de chaque graine (2 du sommet, 1 de chaque côté et 1 de la base). Pour assurer la même distension initiale des fibres, chaqu'une suportait, par son extrémité inférieure, une petite pince pesant un demi-gramme.

Les deux pinces ont été mantenues à écartement constant (10 millimètres).

Le procédé que nous venons de décrire, et que nous avons suivi, est, selon notre avis, la seule façon qui permette d'employer le dynamomètre de Mackenzie à la mesure de la résistance des fibres de coton.

Pour donner une idée nette des variations et du degré d'homogénéité des cotons, en ce qui concerne leurs caractères les plus importants, nous présentons pour chaque échantillon des grafiques semblables à ceux qu'on emploi en biomètrie pour répresenter les varations continues, c'est-à-dire, des *polygones de fréquence ou de variation.*

Les *polygones de fréquence* ont été faits de façon que les *fréquences* représentent aussi le pourcentage des différentes *classes* pour cent ou pour mil.

Voilà, à notre avis, le procédé le plus précis pour faire la classification des cotons.

Pour obtenir des résultats autant que possible comparables, nous avons établi les classifications suivantes pour l'appréciation des cotons:

Classification selon la longueur des fibres

TYPES	CARACTÉRISTIQUES
Cotons courtes soies	Plus de 50 % des fibres ont 10 à 25 millimètres de longueur
Cotons moyennes soies	Plus de 50 % des fibres ont 25 à 30 millimètres de longueur
Cotons longues soies	Plus de 50 % des fibres ont 30 a 40 millimètres de longueur
Cotons soies extra	Plus de 50 % des fibres ont plus de 40 millimètres de longueur

Classification selon le degré d'homogénéité de longueur

(Pour chaque type)

TYPES	CARACTÉRISTIQUES
Cotons très peu homogènes.	Seulement moins de 30 % des fibres ont des longueurs dont la difference n'excède pas 5 millimètres
Cotons peu homogènes	30 à 50 % des fibres ont des longueurs dont la difference n'excède pas 5 millimètres
Cotons assez homogènes	51 à 70 % des fibres ont des longueurs dont la difference n'excède pas 5 millimètres
Cotons très homogènes	Plus de 70 % des fibres ont des longueurs dont la difference n'excède pas 5 millimètres

Classification selon le diamètre des fibres

TYPES	CARACTÉRISTIQUES
Cotons à soies fines.......	Plus de 50 % de fibres ont moins de 20 μ. de diamètre
Cotons à soies moyennes...	Plus de 50 % de fibres ont 20 à 23 μ. de diamètre
Cotons à soies fortes......	Plus de 50 % de fibres ont plus de 23 μ de diamètre

Classification selon le degré d'homogénéité de diamètre

(Pour chaque type)

TYPES	CARACTÉRISTIQUES
Cotons très peu homogènes.	Seulement moins de 30 % des fibres ont des diamètres dont la différence n'excède pas 3 μ
Cotons peu homogènes....	30 à 50 % des fibres ont des diamètres dont la différence n'excède pas 3 μ.
Cotons assez homogènes...	51 à 70 % des fibres ont des diamètres dont la différence n'excède pas 3 μ.
Cotons très homogènes....	Plus de 70 % des fibres ont des diamètres dont la différence n'excède pas 3 μ.

Classification selon la resistance des fibres

TYPES	CARACTÉRISTIQUES
Cotons très peu résistants	Plus de 50 % des fibres ont des résistances inférieures à 2 grammes
Cotons peu résistants	Plus de 50 % des fibres ont des résistances non inférieures à 2 grammes
Cotons de moyenne résistance	Plus de 50 % des fibres ont des résistances non inférieures à 4 grammes
Cotons résistants	Plus de 50 % des fibres ont des résistances non inférieures à 6 grammes
Cotons très résistants	Plus de 50 % des fibres ont des résistances non inférieures à 8 grammes

Classification selon le degré d'homogénéité de résistance

(Pour chaque type)

TYPES	CARACTÉRISTIQUES
Cotons très peu homogènes	Seulement moins de 30 % des fibres ont des résistances dont la différence n'excède pas 2 grammes
Cotons peu homogènes	30 à 50 % des fibres ont des résistances dont la différence n'excède pas 2 grammes
Cotons assez homogènes	51 à 70 % des fibres ont des résistances dont la différence n'excède pas 2 grammes
Cotons très homogènes	Plus de 70 % des fibres ont des résistance dont la différence n'excède pas 2 grammes

A' nos anciens éléves, M. M. les engénieurs d'agronomie coloniale, Armando Cortezão et Correia da Silva, nos meilleurs remerciments pour l'aide qu'ils ont bien voulu nous porter dans ce travail.

COTONS DE MOZAMBIQUE

Cotons de la Compagnie du Nyassa

Les térritoires concédés à la Compagnie du Nyassa sont situés dans la partie plus septentrionale de la province de Mozambique comprise entre les parallèles de 11º et 14º de latitude sud, et sont bornés à E. par l'Océan Indien, au N. par le fleuve Rovuma jusqu'à sa confluence avec le Munge, et d'ici par un parallèle jusqu'au lac Nyassa, à O. par le lac Nyassa et la frontière luso-britannique, au S. par le fleuve Lurio.

Ces térritoires occupent une extension approchée de 200.000 kilomètres carrés.

En général, et ne tenant en considération le plateau des Makondes, on peut dire que le niveau de la région s'élève graduellement depuis la côte jusqu'au lac Nyassa et de façon à établir la division en trois zônes naturelles, à savoir: littorale, moyènne, et intérieure, bien distinctes et caractéristiques.

La première zône est chaude et humide, surtout au N.; en tout cas elle n'a pas de marais, ce qui la rend bien plus saine que la plus part des autres régions africaines de même latitude.

La largeur de la zône littorale est très petite au S., où elle donne place à la seconde zône qui s'étand jusqu'au Lugenda et qui se fait remarquer par une série de plateaux de plus en plus élevés a peine intérrompus par une courte chaine de montagnes escarpées, où des colines isolées; ci et là, on trouve des rochers solitaires d'une grandeur gigantesque et de formes les plus bizarres. La hauteur moyènne ne s'élève à plus de 500 mètres, et les terrains sont, d'une façon générale, très arborisés et bien irrigués et, ainsi, en d'excellentes conditions pour l'agriculture.

Enfin, la zône des grandes altitudes est montagneuse, il y fait même froid aux points les plus élevés, elle est remarquable par les monts Ajaus, qui ont une hauteur d'environ 2.000 mètres, et est considerée comme la plus riche de toutes, en égard à la faune et à la flore.

C'est dans cette zône que l'on cultive aujourd'hui d'avantage le coton (surtout dans la commune de Amaramba); des essais ayant demontré qu'elle était la plus propre pour cette culture.

«La terre des territoires de la Compagnie du Nyassa, est en général fertile; elle n'offre pas une végétation riche et luxuriante comme celle de Java, du Brésil, de S. Thomé ou du Congo, ce qu'on ne trouve pas à Mozambique, mais elle peut être considérée aussi fertile que les meilleurs terrains de la province.

Sa fertilité n'est pas évidemment égale par tout, les terrains ne sont pas uniformement riches, ni de même nature, ni susceptibles de la même culture. On y trouve une grande variété de terrains, depuis la plaine déserte, aride, sèche, parsemée de termitières, jusqu'aux plateaux élevés ou aux chaînes de montagnes, avec des terrains bien arrosés, de sol fertile, de climât bien doux, très arborisés.

La force productive, et la nature des terrains moins élevés sont variables, on y trouve des terres rougéatres, sabloneuses, peu abondantes d'eau, qui produisent de riches récoltes de céréales et de graines oléagineuses, aussi bien que les terrains sédimentaires, des débouchés, des rives et îles des fleuves, avec tous les caractères nécèssaires pour la production de ce que l'on appele les produits riches des tropiques» (1).

Le cotonnier croit spontanèment, en présque toutes les régions des térritoires, et y est aussi cultivé par les indigènes, qui le filent, tant bien, que mal.

Les indigènes ne mettent les plantations à nouveau que de trois en trois ans.

Voilá l'opinion du spécialiste Mr. Stocks. «Les conditions favorables des térritoires — climatériques et autres — font que le coton peut fort bien occuper place après le caoutchouc. Ayant vu le cotonnier prospérer uniformement en des régions et en des conditions très différentes, en état naturel et en culture, je ne conseillerais cette culture qu'à haute échèlle et

---

(1) Ernesto de Vilhena — Companhia do Nyassa. Relatorios e memorias — 1905 pag. 355.

près de la côte. Le cotonnier egypcien est tout indiqué, et plusieures variétés primatiales, comme l'Abbassi et le Yannowich, devraient être obtenues en quantité directement de l'Egypte.

On devrait aussi faire une expérience avec du coton *Sea Island* mais seulement en de bonnes régions» (1).

La prémière expérience de la culture du coton par des procèdés perfectionnés, à eté faite par la Société Agricole du Quissanga tout près de la capital de la commune de ce nom, et de la côte maritime.

Á l'exposition de la Société de Géographie de Lisbonne en 1906, la Compagnie du Nyassa a envoyé 14 échantillons de coton, desquels á peine deux étaient de la région de l'intérieur. Le jury de l'exposition a donné au coton le diplôme de medalhe d'argent.

On supposait alors, et Mr. Stocks en 1907 l'écrivait encore, que les régions tout près de la côte étaient les meilleures pour la culture du coton. Cependant déjà à cette époque on pensait à des cultures de quelque importance à la commune de Amaramba, au S. O. des Térritoires, très probáblement par instigation de ce qu'au sujet de la culture de cette plante se passait au Nyassaland Britannique, voisin de cette région.

En effet, aux prémières expériences faites à Amaramba, en 1908, on a employé des semences d'espèces originaires d'Egypte, mais qui avaient été acquises au Nyassaland Britannique. Ces expériences prouvèrent qu'un hectare de terrain peut produire une tonne dè coton nom egrainé, ou 333 kilos de coton egrainé; cette production s'est mantenue sensiblement la même jusqu'à présent. En 1913 il y avait à Amaramba les plantations suivantes: «*Soares Guedes & C.ª*», 1000 hectares de terrains concédés; 225 hectares en culture de coton; ces Méssieurs ont une ginnerie à vapeur.

«*Paes dos Santos*», 1000 hectares concédes; 150 hectares en culture de coton; une ginnerie à vapeur.

«*Felismino da Fonseca*», 100 hectares en culture.

«*Joaquim Baptista*», «*Elias Vasilius*», et «*Regina Pietro*», 150 hectares en culture (50 hectares chacun).

Le coton est transporté par voie *Blantyre, Chinde, Europe;* trans-

(1) Stocks — Report to the Search Syndicate — 1907.

port qui revient cher. Lorsqu'on aura construit le chemin de fer *Pemba-Nyassa*, les conditions de transport seront de beaucoup améliorées.

Les quantités (en kilos) de coton égrainé exportées par la Compagnie du Nyassa, de l'année 1907 à l'année 1912, furent les suivantes:

1907	1908	1909	1910	1911	1912
25.569	26.920	40.321	43.652	35.013	35.527

Quant à l'année 1913, on prévoyait une production de 270 tonnes de coton égrainé.

L'Administration de la Compagnie du Nyassa à Lisbonne, à reçu dans les prémiers mois de l'année 1913, un lot de coton de Amaramba, et un autre égal fut envoyé à son bureau de Londres. Au Portugal la Compagnie en a fait un partage entre les industriels de Lisbonne et de Porto, et a eu la gentilesse de nous envoyer aussi un échantillon. Tous les industriels furent unanimes à reconnaitre l'excellence du produit. Quelques uns d'entre-eux affirmérent que ce coton convient surtout aux filatures qui filent, en moyénne, le n.º 40, et le comparèrent au *Good Middling*, et même au *Middling-Fair*, d'après la classification de Liverpool. Un des industriel de Porto l'a comparé au *Jumel d'Egypte*. M. Henrique Taveira, renomé industriel, directeur de la «*Compagnie Fabril Lisbonense*» a fait un bel éloge au coton de Amaramba, et ayant été au Congrés Cotonnier, de Sckevennigue (Holande), il y présenta un échantillon. Les specialistes qui se trouvérent à ce congrés, s'exprimérent au sujet de ce coton de la façon suivante: «Type Egypte, bonne couleur, fibre irrégulière et un peu faible, valeur probable au marché de Liverpool 8 ¹/₂ pences la livre.»

A la même occasion M. M. Walstenholme & Holland, de Liverpool, disaient du même coton ce qui suit: «Il est aussi bon que tout autre coton de la côte orientale d'Afrique, dont nous avons connaissance.»

Les 30 kilos de coton de Amaramba, soit 66 livres anglaises, envoyés en Angleterre, se vendèrent à Londres, par £ 3. 18. 0; donc la libre (poids) a été vendue par 1.[sh] 2.[d]

*

Voici les resultats des études que nous avont faites au sujet de l'échantillon de ce coton qui nous a été envoyé.

Le coton qui nous a été envoyé, et que nous avous étudié, nous semble avoir como origine botanique la variété Mit-Afifi; néanmoins il est plus clair que celui produit en Egypte par ce cotonnier. Il à une belle apparence, est qui pourra être encore meilleure, dès qu'il soit traité soigneusement, ce qui n'est pas le cas pour cet échantillon, qui présente encore quelques débris de graines et de coques de celles-ci. Sa couleur, crême pâle, est bonne, il est assez brillant et d'une belle finesse de fibre.

Longeur: Comme on pourra juger par le tableau n.º 1, et par le polygone de fréquence n.º 1, la longueur des fibres varie entre 16 et 45 milimètres, avec une *moyénne* de 28mm,11, et un *mode* de 30 millimètres. Donc, le *type normal,* est réprésenté par les fibres de *30 millimètres de longuer.* On remarquerà encore que les fréquences plus elevées, correspondent aux longueurs comprises entre 21 et 33 millimètres (66 %); les 54 % des fibres ont des longueurs inférieures au *mode* (30mm) et 29 % ont des longueurs supérieures. Le pourcentage de fibres d'une longueur variable entre 25 et 30 millimètres (limites pour les cotons *moyènnes soies)* est de 40 % (c'est aussi le pourcentage maximum de fibres dont les longeurs ne different plus de 5 millimètres); les 31 % des fibres ont des longueurs inférieures à 25 millimètres, et 29 % des longueurs supérieures à 30 millimètres. Ainsi, quant à la longueur, ce coton peut être consideré comme un coton intermédiaire entre les *moyènnes soies* et les *longues soies.*

Au point de vue du degré d'homogénéité de longueur, c'est un coton *peu homogène.*

Ce manque d'homogénéité peut tenir aux causes suivantes:

1º Égrainage défèctueux; et par suite un grand pourcentage de fibres brisées;

2º Acclimatation imparfaite dès cotonniers;

3º Sélèction peu soignée des cotonniers.

Néanmoins, un jugement hors de doute ne pourra être fait qu'en examinant un échantillon de coton non égrainé.

Résistance. — La résistance des fibres varie, comme il est indiqué au tableau nº 1 et au polygone de fréquence nº 2, entre 1,5 et 5,6 grammes;

la *moyènne* est 3,423 grammes, est le *mode* 3,5 grammes. Donc, le *type normal*, est représenté par les fibres ayant 3,5 grammes de résistance. On en deduit aussi que les fréquences plus élèvées correspondent aux résistances comprises entre 2,4 et 4 grammes (54 %); et, en outre, que les 46 % des fibres ont une résistance inférieure au *mode* (3,5 grammes), et 44 % des résistances supérieures.

Le pourcentage de fibres ayant des résistances non inférieures à 2 grammes est de 92 %; et de celles ayant des résistances non inférieures à 4 grammes est de 32 %.

Le pourcentage maximum de fibres ayant des résistances dont la différence n'excede pas 2 grammes est de 68 % (2 à 4 grammes).

Donc, quant à la résistance des fibres, c'est un coton *peu résistant*.

En égard au degré d'homogénéité de résistance, c'est un coton *assez homogène*.

Selon notre avis, la faible résistance de ce coton doit tenir au fait d'une récolte du coton avant qu'il eut attent la complete maturation, et aussi, qu'il eut peut être, à une sélection imparfaite. Une récolte et une sélection plus soignées, doivent en améliorer la résistance.

Caractéristiques de ce coton : Coton de belle apparence; assez propre; crême pâle; fibres fines, soyeuses et assez brillantes; type intermédiaire entre les *moyènnes soies* et les *longues soies*, et *peut homogène* par rapport à la longueur; *peut resistant* et *assez homogène* au point de vue de la résistance.

Valeur. — Pour donner une valeur commerciale de ce coton, nous avons envoyé un échantillon à M. M. E. et J. Fossat, courtiers de coton au Havre, qui ont été d'avis qu'il possedait «la nuance, le brilland, la finesse et la nervosité du genre Sea Island» mais que la fibre été trop irrégulière sous le rapport de la longueur et très courte pour un genre longues soies.

Ils lui ont attribué le prix de 100 à 110 francs, les 50 kilos, aux conditions du Havre, c'est-à-dire, avec 2 $^1/_1$ % d'escompte. Comme renseignement, nous remarquerons que le meilleur type de coton (le Sea Island extra-fin) été coté à la même époque (Juin 1913), à 220 francs les 50 kilos et le coton d'Egypte, en moyènne, à 129 francs les 50 kilos (116 Frs. le brun — good fair —, et 140 Frs. le blanc — good fair —).

La valeur donnée par M. M. E. et J. Fossat, à l'échantillon du coton que nous leurs avous envoyé, et qui rentre, comme nous l'avons dit, dans le type des cotons d'Egypte, s'approche donc des cours des cotons de ce pays.

Tableau n.º I

Coton de la Compagnie du Nyassa — Mit Afifi? (égrainé)

	VARIATIONS DE LA RÉSISTANCE DES FIBRES		VARIATIONS DE LA LONGUEUR DES FIBRES	
	Résistance grammes	Fréquence	Longueur millimètres	Fréquence
Pourcentage des différentes résistances (º/₀)	1,5	4	16	2
	1,75	2	17	1
	1,8	2	20	2
	2,0	6	21	6
	2,1	2	22	7
	2,2	2	23	5
	2,3	4	24	8
	2,4	8	25	6
	2,5	4	26	4
	3,0	6	27	4
	3,1	2	28	5
	3,25	2	29	4
	3,4	2	30	17
	3,5	10	31	5
	3,7	4	32	2
	3,75	6	33	6
	3,8	2	34	2
	4,0	8	35	4
	4,1	2	36	2
	4,6	2	37	4
	4,7	2	38	1
	4,9	4	39	1
	5,0	4	40	1
	5,5	8	45	1
	5,6	2		

Coton de la C.ie du Nyassa

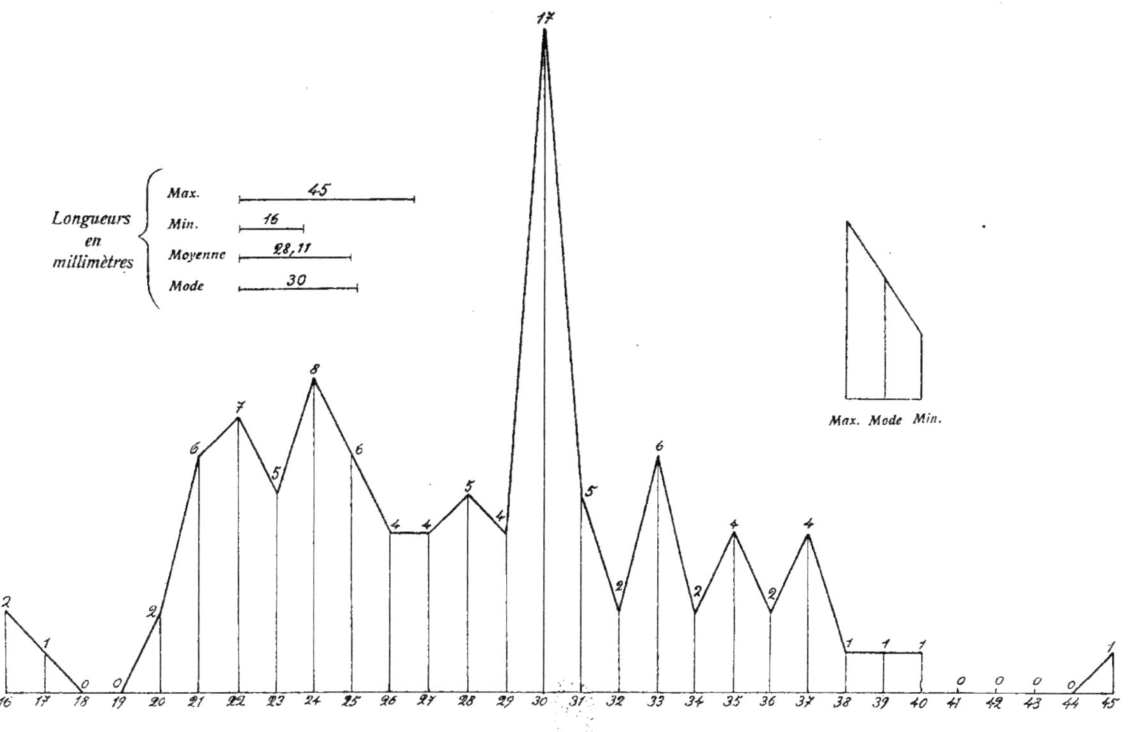

N.o 1 — Polygone de fréquence des longueurs des fibres.

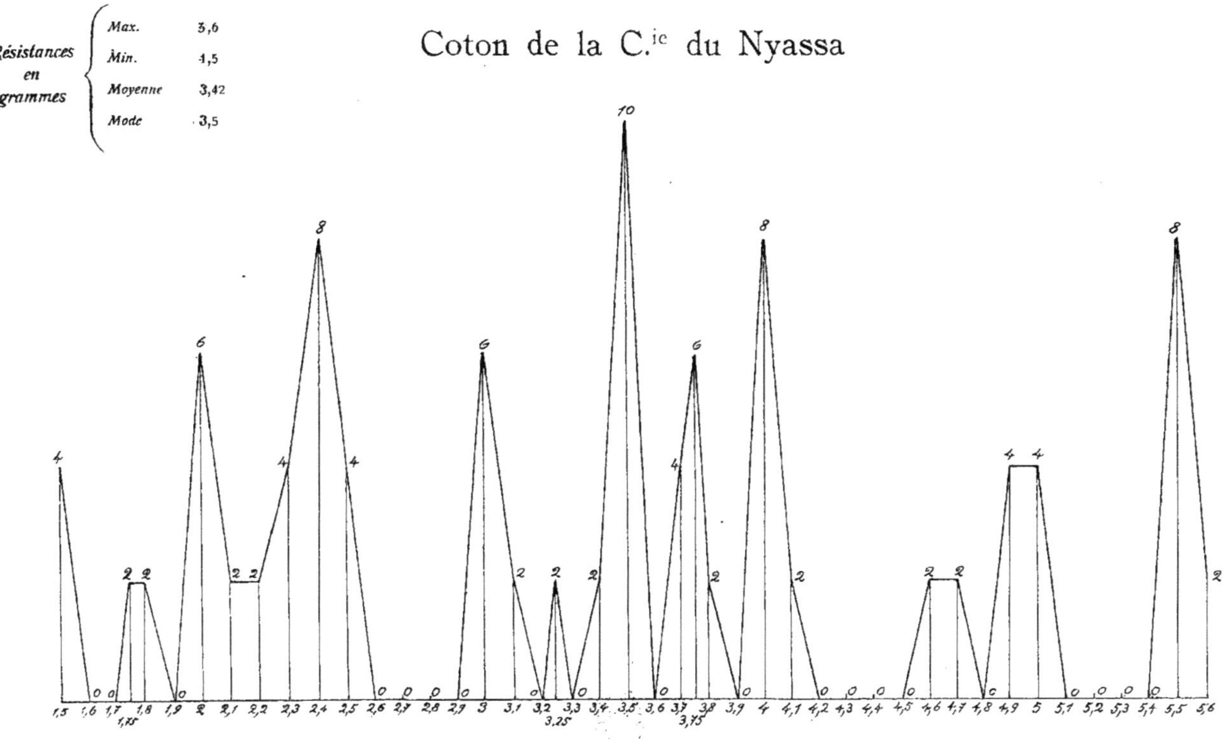

N.o 2 — Polygone de fréquence des résistances des fibres.

Cotons de la Compagnie
de la Zambézie

La Compagnie de la Zambézie cultive le coton pour son compte à Bompona dans l'île d'Inhangoma.

Situation. — L'île d'Inhangoma qui fait partie de la concession (prazo), Maganja d'au-delà du Chiré, a la forme d'un vaste triangle et est située au confluent du Chiré et du Zambèze; elle est limitée au Sud-Ouest par le Zambèze, au Nord, par le Ziué-Ziué et à l'Est par le Chiré. Sa superficie est de près de 90:000 hectares. Elle est comprise approximativement entre 35° et 35° 23' de longitude Est (méridien de Greenwich) et entre 17° 18' et 17° 46' de latitude Sud.

Climat. — Le climat est celui des vallées du Zambèze et du Chiré; sa principale caractéristique est l'irrégularité de la quantité de pluie tombant durant la saison des pluies qui commence généralement fin novembre et se prolonge jusqu'à fin mars ou commencement d'avril. Il pleut quelquefois pendant les autres mois de l'année, mais d'une manière très irrégulière.

Le tableau suivant, des quantités de pluie tombée de 1902 à 1905, à Chiromo et Port-Herald, dans la vallée du Chiré (territoire anglais) et à Marromeu, dans la vallée du Zambèze (territoire portugais), ainsi que relatif à la pluie tombée en 1909 et 1910 à Ville-Bocage (située sur la rive gauche du Chiré, et limitrophe de Bompona, endroit de l'île ou l'ont cultive le coton) et à la pluie tombée en 1911 et 1912 à Bompona, donne clairement l'idée du climat de la région en rapport avec la pluie tombée et l'irrégularité de sa distribution.

Répartition des pluies dans la Zambesie

MOIS	PORT-HERALD				CHIROMO				MARROMEU				BOMPONA		VILLA-BOCAGE			
	1902	1903	1904	1905	1902	1903	1904	1905	1902	1903	1904	1905	1911	1912	1909	1910	1911	1913
	m/m	m/m	m/m	m/m	m/m	m/m	m/m	m/m	m/m	m/m	m/m	m/m	m/m	m/m	m/m	m/m	m/m	m/m
Janvier	310	—	252	79	138	125	156	143	126	230	268	49	496	56,5	130,0	37,7	352	131,5
Février	145	62	157	132	—	17	181	160	116	35	189	220	411	21,75	269,5	73,9	424	139,5
Mars	124	52	364	132	303	36	200	194	334	131	185	180	50,8	86,25	13	142,0		
Avril	—	19	41	26	—	24	15	26	—	—	44	28	19	7,25	40,0	67,0		92,5
Mai	—	1	14	—	16	15	17	8	18	30	73	8	72	5,25	—	23,0	40,0	86,5
Juin	—	4	29	—	21	3	10	—	34	26	21	—	96	17,75	—	5,5		59,5
Juillet	—	6	25	34	77	5	9	25	17	—	16	107	60	—	—	4,1		7,5
Août	—	—	—	—	1	3	—	26	—	4	—	21	15	—	—	1,4		4,0
Septembre	—	2	89	—	2	—	—	13	10	—	17	6	—	—	0,8	—		
Octobre	68	4	37	26	28	—	15	9	19	8	64	—	—	—	0,26	4,8		25,5
Novembre	—	—	25	178	24	32	9	127	19	140	70	130	—	—	0,56	74,2		125,0
Decembre	13	137	255	152	15	80	334	305	31	169	212	100	—	161,0	1,39	45,5		
Totaux	660	287	1298	759	625	340	1006	1036	724	773	1159	849	1219,8	356,75	455,43	479,1		

21

Ainsi qu'il ressort de l'examen de ce tableau, en 1911, il est tombé à Bompona 1219,8$^m/_m$ d'eau, dont 907$^m/_m$ en janvier et février, tandis qu'en 1912, le total de la pluie tombée fut de 356,75$^m/_m$, dont 78,25$^m/_m$ en janvier et février.

En comparant la pluie tombée à Port-Herald pendant la période de 1902 à 1905, on voit que le total de la pluie tombée va de 287$^m/_m$ en 1903 à 1298$^m/_m$ en 1904, à Chiromo de 340$^m/_m$ en 1903 à 1006$^m/_m$ en 1904 et à Marromeu de 724$^m/_m$ en 1902 à 1159$^m/_m$ en 1904. Il y a également une grande différence, d'une année pour l'autre, dans la quantité de pluie tombée dans les mêmes mois de l'année.

Quant à la température, les observations faites montrent une plus grande régularité; les plus hautes étant toujours celles qui sont observées en janvier et février, octobre, novembre et décembre, et les plus basses en juin, juillet et août et une partie de septembre; les écarts pendant le jour sont plus grands pendant la saison sèche que pendant la saison des pluies.

Distribution de la température à Bompona

MOIS	1907 absolu		1908 moyen		1908 absolu		1909 moyen		1909 absolu	
	max.	min.	max.	min.	max.	min.	max.	min.	max.	min.
Janvier			32°,1	21°,4	38°	17°	36°	27°,4	41°	26°
Février			32°,1	23°,8	37°	22°	32°,3	27°	37°	25°
Mars			32°	22°,7	37°	18°				
Avril			30°,7	21°	38°	17°				
Mai			27°,3	15°	30°	10°				
Juin			27°,2	13°,4	30°	7°				
Juillet			25°	14°,5	30°	3°				
Août			38°,4	14°,9	35°	11°				
Sétembre			33°,1	20°,8	38°	15°				
Octobre	18°,1	15°	34°,5	27°,1	42°	18°				
Novembre	22°,4	14°	35°,2	28°	40°	23°				
Décembre	36°	29°	32°,9	26°,8	37°	25°				

Cette région possède donc un climat caractérisé par deux saisons bien distinctes. La saison chaude et humide de novembre à avril et la saison sèche et moins chaude de mai à octobre, avec une grande irrégularité dans la quantité de pluie tombée annuellement et mensuellement.

Nature du sol. — Les terrains de Bompona sont des terrains d'alluvion, nois, argilo-silico-humifères, dont l'épaisseur varie entre 0^m,50 et 1^m. Le sous-sol est sablonneux et assez perméable; plus profondément il y a des couches d'argile noire plastique imperméables, qui suivent généralement les ondulations de la superficie, affleurant en quelques endroits où l'eau de pluie reste stagnante.

Le terrain est sensiblement plat, élevé de 8^m audessus du niveau du Chiré pendant l'étiage, et coupé par quelques dépressions qui draînent les eaux de pluie vers le Chiré. En quelques points de niveau un peu plus bas, il y a des dépressions dans lesquelles les couches inférieures d'argile noire ont affleuré et qui retenant les eaux de pluie, forment de petits marais, comme nous l'avons déjà dit.

Analyse de la terre

Analyse mécanique:

Poids d'un litre de terre	1,040 gr.
Gravier	0,0 %
Terre grosse	1,5 »
Terre fine	98,5 »

Analyse physique de la terre fine:

Humidité	3,45 %
Calcaire	traces
Sable	32,4 »
Argile	56,36 »
Matières organiques	9,79 »

Analyse chimique de la terre fine:

Azote	0,149 %
Potasse	0,456 »

Chaux	0,604	%
Magnésie	0,241	»
Oxyde de fer et alumine	5,688	»
Acide phosphorique	0,214	»

Comme le montre cette analyse la terre est très riche en potasse, riche en azote et acide phosphorique et à peine pauvre en chaux et magnésie.

Essais de la culture du cotonnier

Les premières tentatives de la Compagnie pour la culture du coton à Bompona datent de 1904-1905, avec des semences de coton égyptien Mit-Afifi et Abassi. Les tentatives ne donnèrent pas de résultat, ce qui fut attribué à l'absence d'un directeur ayant la pratique nécessaire, et ainsi en 1906 on organisa un Syndicat d'Études disposant du capital nécessaire, et de personnel compétent. Le Syndicat a été organisé avec un capital de 250:000 francs déboursé par la Banque de l'Union Parisienne, la Compagnie de la Zambézie ayant pris 30 % de cette somme, et immédiatement on engagea et on envoya en Zambézie un ingénieur agronome français M. René Ismalum, un spécialiste, avec une assez longue pratique de la culture du coton en Egypte, qui se trouva à Chindé le 30 août.

M. R. Ismalum visita la concession (prazo) Massingire, l'île d'Inhangoma, différents points de la Zambézie et le territoire anglais du Nyassaland où il étudia la culture du coton commencée en 1902.

Il fit de sa visite à la Zambézie et des études auxquelles il procéda, un rapport qu'il envoya au Syndicat d'Études d'Entreprises Cotonnières en Zambézie, rapport très intéressant qui fut publié dans les annexes du Bulletin officiel de la province du Mozambique.

Ayant choisi Bompona, dans l'île d'Inhangoma, comme étant l'endroit le plus approprié aux expériences qu'il était chargé de réaliser, M. René Ismalum les commença fin 1906 et se retira en Egypte en avril 1907. Continuant à les diriger supérieurement, il confia leur exécution à l'ingénieur agronome français M. Isambert, qui y résida jusqu'en mars 1909. A cette époque le Syndicat ayant épuisé tout son capital et découragé par le mauvais résultat obtenu, dû à une maladie cryptogamique qui attaqua les feuilles des cotonniers, liquida avec une perte totale.

Essais du Syndicat d'Études d'Entreprises cotonnières en Zambézie en 1906-1907, 1907-1908 et 1908-1909

Essai de 1906-1907.— On a ensemencé 18 hectares:

7,5 hectares de coton Abassi;

6,0 hectares de coton Mit-Afifi;

4,5 hectares de coton Achmouni.

Les semailles furent faites dans 7 hectares, du 17 au 20 décembre et dans 11 hectares du 1 au 3 février, les pluies ayant complètement manqué du 20 décembre au 1ᵉʳ février.

Le coton fut endommagé par des pluies abondantes en juin et juillet, qui firent tomber le coton des capsules qui mûrissaient: une maladie cryptogamique se manifesta dans les feuilles des cotonniers et ces derniers furent attaqués aussi par la *mouche verte.*

La résultat de la récolte a été de 13.554 kilos de coton non égrainé qui donnèrent 4,518 kilos de coton égrainé (33 %), soient 251 kilos par hectare.

Le rendement par variété semée fut le suivant par hectare:

Coton Achmouni semé en		décembre	......	476	kg.
» »	»	» février	......	209	»
» Abassi	»	» décembre	......	306	»
» »	»	» février	......	170	»
» Mit-Afifi	»	» décembre	......	336	»
» »	»	» février	......	201	»

Ce qui paraissait démontrer que la variété la plus convenable était l'Achmouni et l'époque des semailles le mois de décembre.

Essai de 1907-1908. (1) — «Fin Septembre 1907, c'est-à-dire deux mois avant les pluies nécessaires au semis, on défrincha tout d'abord pour gagner du temps, les terrains les moins boisés et dans les parties les plus élevées pour éviter les craintes d'innondation; 128 hectares furent

---

(1) Isambert. Rapport sur les essais de culture de coton en Zambézie de 1907 jusqu'à 1909. (Inédit.)

COMPAGNIE DE LA ZAMBÉZIE

Plantation de Bompona

Fig. 1 — Labourage de la terre pour la culture du cotonnier. — Charrue tirée par 12 bœufs

mis en culture, dont 17 déjá cultivés l'année précédente lors des premiers essais.

Le sol fut défriché avec soin, les herbes et les arbustes étant brûlés sur place, enrichissant ainsi le sol par leurs cendres; un labour de 15 à 20 centimètres de profondeur fut fait ensuite, puis le terrain disposé en billons espacés de 1 mètre. Tous ces travaux furent exécutés à la main, par les indigènes au moyen da la houe cafre outil rappelant celui dont se servent les vigncrons de la vallée du Rhone. Ces instruments de fabrication allemande, étaient très légers, très minces, se brisaient souvent et certainement il y aurait eu avantage à faire fabriquer en France des outils plus forts qui auraient rendu un meilleur service.

Des essais de labour à la charrue, avec des bœufs de la Compagnie de la Zambézie ne donnèrent que de mauvais résultats par suite de la petite taille des animaux, de leur sauvagerie et non dressage et de l'inexpérience complète des indigènes en tant que conducteurs de bestiaux.

Les pluies furent très abondantes cette année.

Les pluies étant survenues au commencement de Décembre les semis s'échelonnèrent du 15 Décembre au 3 Mars, les derniers étant faits en vue des essais de culture irriguée. Ils se répartissaient en 65 hectares de coton Achmouni, 38 hectares de Mit Afifi et 27 hectares de Abassi, total 130 hectares. Le voisinage des herbes étant très nuisible au développement du coton, de nombreux travaux d'entretien furent pratiqués. Après un démariage, l'écimage ou pincement fut pratiqué sur tous les champs, puis un fort buttage fut exécuté et enfin quatre sarclages furent nécessaires pour défendre le coton contre l'envahissement des herbes, car dans ce pays elles poussent beaucoup plus vigoureusement qu'en Europe.

En vue de l'irrigation, après un nivellement des terrains, un canal d'amenée fut construit ainsi qu'un réseau de rigoles de distribution; malheureusement un accident survenu à la pompe, presque dès le début, rendit impossible l'exécution de cette partie des essais, la réfection des pièces n'ayant pu être effectuée, que beaucoup trop tard.

Après une levée superbe, le coton s'est très bien développé jusqu'eu Mars, mais à cette époque les feuilles eurent à subir les attaques de la mouche verte puis, dans les champs ayant déjá été ensemencés en coton lors des essais de 1906-1907, la maladie cryptogamique qui y avait apparue en Juin 1907 réapparut et se développa très vite contaminant presque tous les champs. Cette maladie cryptogamique commence par l'apparition de taches foncées le long des nervures des feuilles, puis se développe sur toute l'étendue des feuilles, qui brunissent et se recroquevillent comme si elles eurent été grillées; ayant beaucoup d'analogie avec le mildew, elle serait causée, d'après l'entomologiste du Gouvernement portugais á Mozambique, par le Bactérium malvacearum. Les cotonniers semés en Décembre ont été les plus attaqués. En vue d'y remédier un essai de sulfatage et de bouillie bordelaise fut fait, mais ne donna pas de résultat apréciable. Cet insuccès pouvait cependant être dû à l'époque tardive où l'expérience fut faite, car une première destruction des feuilles avait déjà eu lieu avant que je n'eusse à ma disposition toutes les matières nécessaires à l'expérience. Toutes les feuilles du coton tombèrent de sorte que, les plantes ayant à reconstituer une nouvelle végétation, la première cueillette fut presque complètement perdue.

Après des alternatives de reprise de la végétation et de nouvelles attaques de la maladie, le coton donna une fructification peu abondante et très tardive, les capsules n'ayant pas atteint leur complet développement. Les cueillettes par suite s'échelonnèrent de Mai 1908 à Janvier 1909 produisant une récolte de 16:500 Kgs. de coton brut.

En faisant abstraction des 17 hectares rèensemencés dont la récolte fut complètement nulle, la maladie été particulièrement intense, le rendement à l'hectare en coton non égrené fut seulement de:

150 kilog. par l'Achmouni
168   »   »   l'Abassi
129   »   »   Mit Afifi

Toutefois, *fait à remarquer,* plusieurs champs de coton Achmouni et Abassi plus élevés, drainés naturellement, où l'eau des grandes pluies de Février n'avait point séjourné, et n'ayant que peu souffert de la maladie donnèrent des rendements de plus de *500 Kgs.* de coton *non ègrené à l'hectare.*

En dehors de cette culture un essai de plantation du coton arborescent Caravonica fut tenté dans des terres plus sabloneuses. Le Caravonica se développpa bien au début malgré un semis tardif, se montrant résistant à la maladie; mais lors de la sécheresse; son développement s'arrêta et en Octobre il fut attaqué légèrement ne donnant qu'une récolte insignificante ce qui était dû au jeune âge de la plantation.

Essai de 1908-1909. — Malgré les mauvais résultats de l'année précé-

Fig. 2 — Labourage à vapeur

Fig. 3 — Labourage à vapeur. — Une termitière

dante et les perspectives peu encouragéantes de la maladie, une nouvelle extension fut donnée à la plantation.

Les essais m'ayant montré que la maladie cryptogamique advissait particuliérement dans les terrains les plus bas et les moins assainis, 114 hectares, situés sur les terrains les plus éléves, commencerent à être défrichés des Juillet 1908; de plus pour eviter toute stagnation des eaux, des fossés de 1 mètre de profondeur furent creusés pour assainir les champs et un collecteur plus profond en assura l'évacuation dans le Chiré. En outre, 90 hectares déjà cultivés l'année précédente furent préparés à nouveau et à titre d'essai le reste de l'ancienne plantation fut laissée en terre.

Les mêmes travaux de préparation du sol, labour et billonage y furent donnés, l'écartement des billons à un métre étant conservé. Des pluies plus précoces permittent de commencer les semis dés le 26 novembre et ceux-ci se continuerent jusqu'au 8 mars pour les champs destinés aux essais d'irrigation. Afin d'obtenir des plantes plus vigoureuses et donc plus aptes à résister à la maladie, comme essai sur 30 hectares l'écartement sur la ligne fut porté à 50 centimètres. Le coton Achmouni ayant montré la plus grande résistance à la maladie, toute la plantation fut en-semencé en coton de cette espéce à l'excéption d'une partie des terrains (20 hectares) destinés à l'irrigation qui furent ensemencés en Abassi, de sorte que la plantation comprennait 184 hectares d'Achmouni et 20 d'A-bassi. En vue d'essayer par selection d'obtenir un coton acclimaté plus résistant, un champ de 3 hectares fut ensemencé avec de la graine séle-ctionné récoltée l'année précédente sur des plantes saines dans les champs les moins atteints par la maladie cryptogamique.

En dehors de cette culture principale la plantation comprennait encore 18 hectares de coton Caravonica.

Lorsque la liquidation du Syndicat fut décidée, selon le developpement de la végétation dans les differents champs, les divers travaux d'entretien : démariage, décimage, buttage, sarclage, étant en cours d'éxécution, furent suspendeus, ainsi que l'aménagement des champs destinés à l'irrigation. Pour les travaux qui avaient été terminés à cette époque une légére économie de main d'oeuvre fut réalisée par l'emploi du travail à la tâche. Bien que les terrains fussent plus boisés, le coût du défrichement fut de Frs. 28, le labour de 17 frs. 50, le billonage de 16 frs. 60, le semis de Frs. 6, soit : — 14 frs. d'économie par l'hectare, ce qui réduisait les dépenses de cultura à Frs. 151 par hectare.

Jusqu'au premier Mars le coton se développa normalment ayant acquis une meilleure végétation que l'année précédente, mais à cette époque la mouche verte qui depuis longtemps ravageait le coton (1907-08) laissé en terre, commença à paraître sur les champs voisins. Quelques jours avant mon départ, le 20 Mars, la maladie cryptogamique fit son apparition sur les plantes déjà attaquées et affaiblies par la mouche verte et comença à se repandre sur la plantation.

Toutefois, lors de mon départ, le champ semé avec les graines sélectionnées ne présentait encore aucune trace de la maladie. Il est à désirer que cette innanité se maintienne, car elle pourrait être le point de départ de la création d'un coton résistant qui seul permettrait en Zambésie une culture rémunératrice de cette plante. Ainsi qu'on le verra par le tableau suivant (1) des observations météorologiques faites pendant mon séjour, la température de cette contrée rassemble toutes les conditions demandées à un bon dévéloppement du coton.

Il y a lieu de remarquer que pendant les mois de Mai, Juin, Juillet et Août des brouillards journaliers existaient jusque vers 9 heures, ce qui était défavorable à la cueillette en diminuant les heures de travail et abaissant la qualité de la fibre qui perdait de sa blancheur. Il faut toutefois remarquer que ces brouillards sont dûs à la situation de la plantation près du fleuve et au pied du massif de la Morrumbala et pourraient être évités en choisissant des terrains dans une autre région. Tant qu'un coton résistant à la maladie cryptogamique (2) n'aura pas été trouvé, la culture du coton en Zambêzie (malgré les conditions climatologiques favorables) ne saurait avoir de chances de succès en ce pays par suite du trop grand aléa. Seul le Gouvernement Portugais pourrait organiser des expériences de longue haleine pour arriver à obtenir par séléction prolongée pendant 5 ou 6 ans, un coton résistant pouvant alors donner lieu à de nouveaux essais de culture avec probabilité de réussite.»

En présence de la liquidation du Syndicat, la Compagnie de la Zambézie prit à sa charge les champs de culture; et elle poursuivit les expériences. La récolte de 1908-1909 produisit 35:400 kg. de coton non égrainé et 11:800 kg. de coton égrainé, soient 59 kg. par hectare.

---

(1) Voir pag. 21.
(2) Qui existe à l'état endemique dans les forêts de la Zambézie.

COMPAGNIE DE LA ZAMBÉZIE

Plantation de Bompona

Fig. 4 — Labourage avec une charrue à disques

Fig. 5 — Indigènes sarclant une jeune plantation de cotonniers

Essais faits par la Compagnie de la Zambézie

Prenant à sa charge les terrains et acquérant les installations et le matériel que le Syndicat possèdait à Bompona, la Compagnie continua les expériences, en les confiant à son personnel.

Essai de 1909-1910. — Dans l'espoir d'obtenir une semence sélectionnée, on ensemença en 1909-1910, 200 hectares avec du coton Ashmouni.

La plantation se développa au début, mais lors que la fructification commença il apparût du *boll-worm (Heliothis Arminger* Hübn.) qui détruisit presque complètement les capsules. En plus de cela les feuilles furent attaqués par le *Bacterium malvacearum,* comme les années précédentes.

La récolte fut de 24,927 kg. de coton non égrainé qui produisirent 8,099 kg. de coton égrainé, soient 40 kg. par hectare.

Essai de 1910-1911. — En présence de l'insuccès des expériences antérieures, le coton égyptien fut abandonné et on acheta dans le Nyassaland des semences du coton qui s'y cultivait avec succés et qui paraît être le Upland aclimaté et sélectionné dans ce pays, vulgairement appelé Upland Nyassaland.

On ensemença 32 hectares avec cette varieté de cotonnier et 12 hectares avec du coton de Mossamedes *(Gossypium peruvianum* Cav.?) dans l'espoir, qu'étant un coton américain depuis longtemps acclimaté, il eût plus de résistance aux maladies.

Les semailles furent faites du 17 au 18 mars; deux rangs de maïs furent ensemencés par chaque 10 de coton, comme mesure préventive contre les ravages du *boll-worm,* et le terrain fut retourné cinq fois par les cultivateurs, et sarcler deux fois à la houe, pour détruire les larves de cet insecte.

On fit deux applications de vert de Paris afin de détruire le *caterpilar (Aletia argillacea,* Hübn.) et d'autres insectes qui l'année précédente avaient produit des ravages.

La récolte a été de 20,771 kg. de coton non égrainé dans 32 hectares cultivés en coton Upland du Nyassaland, soient 650 kg. par hectare et de 1:320 kg. dans les 12 hectares cultivés en coton de Mossamedes, soient 110 kg. por hectare.

Le cotonnier Upland Nyassaland donna 208 kg. de coton égrainé par hectare, soient 32 %; et celui de Mossamedes 35,2 kg. soient 32 %, ce qui fit abandonner cette dernière variété et à n'employer que la graine du Upland Nyassaland.

En 1912, en présence du bon résultat obtenu avec la semence du Nyassaland, la culture du coton quitta la période d'essais, pour être faite sur une grand échelle.

Cette année la, on mit en culture à Bompona 434 hectares, qui malheureusement en raison de la grande sécheresse qui s'abattit sur la région, produisirent à peine 21,6 kg. por hectare.

En 1913, la Compagnie mit en culture au même endroit 800 hectares qui furent assez endommagés par une invasion de rats et par un extraordinaire abaissement de temperature en août et septembre, qui ralentissant la mâturité des capsules, retarderent la récolte qui dut être faite en même temps dans toute la région et la réduiserent, car commençant tard il eut peu de temps pour l'éffectuer avant les premières pluies.

La récolte totale fut de 105:000 kg. de coton égrainé, ou 131 kg. par hectare; mais on doit remarquer que dans 300 hectares qui avaient été ensemencés plus tard la récolte a été presque nulle.

Le but principal de la Compagnie, en cherchant à développer la culture du coton dans la Zambèzie, à été d'obtenir une culture qui puit être vulgarisée parmi les indigènes des districts de Quilimané et de Tété, ce que, depuis 1911, elle a mis à execution en distribuant gratuitement des semences et en garantissant l'achat à un prix rémunérateur. Elle a ainsi obtenu que dans le Massingire en 1911, on produisit 62,157 kig. de coton non égrainé et en 1912, 53,881 kg.

Étude des cotons de la Compagnie de la Zambézie

Nous avons étudié sept échantillons de coton provenant des plantations de la Compagnie de la Zambézie. En voici les résultats:

COMPAGNIE DE LA ZAMBÉZIE

Plantation de Bompona

Fig. 6 et 7 — Binage d'un champ de cotonniers

Échantillon n° 1

Coton produit par des cotonniers *Upland-Nyassaland;* de première qualité, de la cueillette de 1911; égrainé par «*roller gin*».

Appréciation

Cet échantillon est constitue par du coton assez propre (il contient quelques débris de graines). La couleur générale est blanche et crême, mais il contient quelques mêches jaunâtres; les soies sont assez regulières par rapport au diamètre et assez soyeuses.

Longueur. — La longueur des fibres, comme l'indiquent le tableau n° 2, et le polygone de fréquence n° 3, varie de 18 à 49 millimètres, avec une *moyenne* de 29 millimètres et un *mode* de 31 millimètres.

Le *type normal* est, donc, représenté par des fibres de 31 millimètres de longueur. On voit aussi que les fréquences plus élevées correspondent aux longueurs comprises entre 24 et 31 millimètres (56 %), et surtout entre 28 et 31 millimètres (36 %); les 26 % des fibres ont des longueurs supérieures au *mode* (31 millimètres), et les 62 % ont des longueurs inférieures au *mode.* Le pourcentage de fibres de longueurs variables entre 25 et 30 millimètres est de 39 %; les 23 % des fibres ont des longueurs inférieurs à 25 millimètres, et les 38 % ont des longueurs supérieures à 30 millimètres.

Le pourcentage maximum de fibres dont la longueur varie tout au plus de 5 millimètres, est de 47 % (26 à 31 millimètres).

Donc, par rapport à la longueur des fibres, il peut être rangé parmi les cotons intermédiaires entre les cotons «*moyennes soies*» et les «*longues soies*».

Quant au degré d'homogénéité de la longueur, il est *peu homogène* (mais s'approche assez du type *assez homogène).* Celà peut tenir aux mêmes causes que nous avons déjà indiquées pour le coton de la Compagnie du Nyassa.

Résistance. — La résistance des fibres varie, comme le montrent le tableau n° 2 et le polygone de fréquence n° 4, entre 1 et 7,7 grammes, avec une *moyenne* de 3,846 grammes, et un *mode* de 2,2 grammes (1). De même

---

(1) La fréquence plus élevée correspond à deux classes différentes (1,9 et 2,2 gram-

on peut s'assurer que les fréquences les plus élevées correspondent aux résistances comprises entre 1,9 et 3 grammes (44 %), et que les 20 % des fibres ont des résistances inférieures au *mode* (2,2 grammes) et les 72 % des résistances supérieures au *mode*. Celà parait prouver que la résistance tend plutôt à augmenter, qu'à diminuer. (1)

La pourcentage de fibres ayant des résistances non inférieures à 2 grammes est de 86 %; et des résistances non inférieures à 4 grammes est de 38 %.

Le pourcentage maximum de fibres dont les résistances varient tout au plus de 2 grammes est de 56 %.

Donc, par rapport à la résistance c'est un coton *peu résistant*. Celà doit tenir surtout à une récolte du coton non parfaitement muri.

Quant au degré d'homogénéité de la résistance, ce coton est *assez homogène*.

Comme nous l'avons fait remarquer, le polygone de fréquence n° 4 parait montrer que la résistance tend à augmenter, et ci c'est le cas, une sélection soignée et une récolte en de bonnes conditions de maturation des capsules, doivent, assurément, donner un coton dont la résistance moyenne et le mode soient plus élevés, et aussi plus homogène.

Caractéristiques de ce coton. — Coton assez propre, blanc et crême, quelques mêches jaunatres fibres assez regulières par rapport au diamètre et assez soyeuses; type intermédiaire entre les cotons *moyennes* et *longues soies* et *peu homogène* au point de vue de la longueur (s'approchant assez du type *assez homogène*); *peut résistant* et *assez homogène* au point de vue de la résistance.

---

mes); néanmoins, comme le montre le polygone de fréquence, autour de la classe 2,2 grammes, se groupent des classes auquelles correspondent des fréquences plus élevées que celles des classes groupées autour de la classe 1,9 grammes. Donc nous avons pris la classe 2,2 grammes comme *mode*, car c'est autour du *mode* que se groupent toujours les fréquences plus élevées.

(1) Comme ont n'a pas affaire à une varieté pure (nous le demontrerons à propos de l'échantillon n° 2) et le coton n'a pas cértainement été cueilli tout au même degré de maturation, au ne peut pas cependant deduire des condusions sûre sà ce sujet.

*

Mrs. E. et J. Fossat apprécièrent ce coton comme suit:

«Coton de nuance beurrée, quelque peu tâché; soie de longueur moyenne; assez fine et assez résistante.

Valeur nominale frs. 90 les 50 kilos.»

Le coton *Upland (Middling)* était alors coté à frs. 85,50.

Tableau n.º 2

Coton de la Compagnie de la Zambèzie (Upland) Cueillette 1911 (ègrainé) (1)

ÉCHANTILLON N.º 1

VARIATIONS DE LA RÉSISTANCE DES FIBRES (1)   VARIATIONS DE LA LONGUEUR DES FIBRES

Résistance — grammes	Fréquence	Longueur — millimètres	Fréquence
1,0	2	18	2
1,5	2	19	3
1,7	2	20	3
1,9	8	21	3
2,0	2	22	3
2,1	4	23	3
2,2	8	24	6
2,3	4	25	4
2,4	6	26	6
2,5	4	27	4
2,7	2	28	6
3,0	6	29	9
3,3	2	30	10
3,4	2	31	12
3,5	2	32	1
3,7	2	33	3
3,9	4	34	3
4,0	4	35	2
4,1	2	36	7
4,3	2	37	4
4,4	4	38	1
4,6	2	39	1
4,9	2	40	3
5,3	2	49	1
5,7	2		
6,1	2		
6,4	2		
6,5	4		
6,7	2		
7,1	2		
2,5	4		
7,7	2		

(1) Avec *roller gin*.

Coton de la C.ie de la Zambésie

Échantillon N.º 1

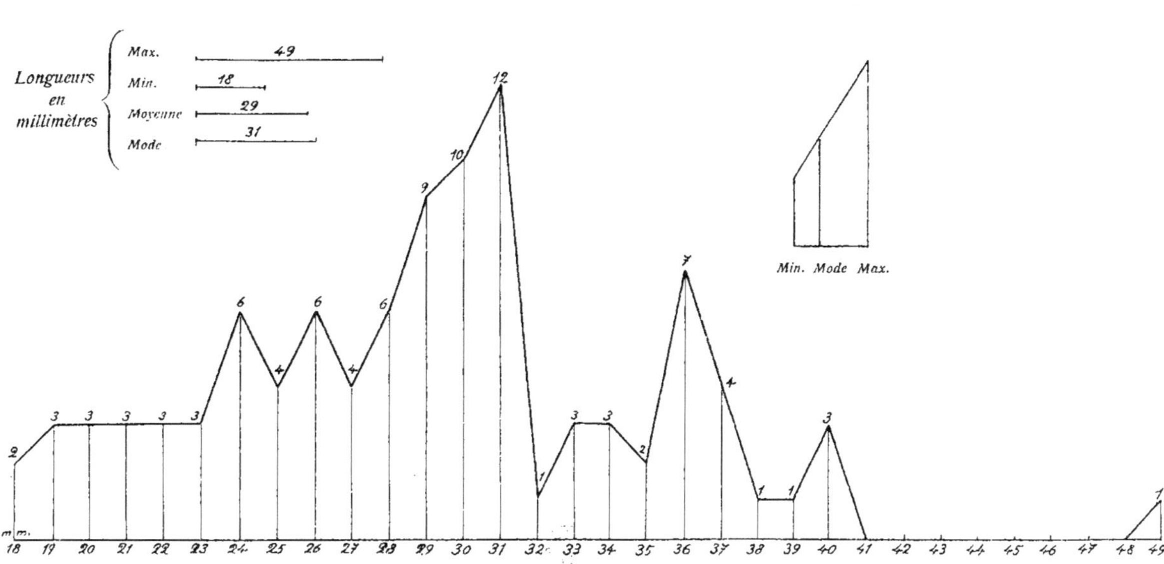

N.º 3 — Polygone de fréquence des longueurs des fibres.

Coton de la C.ie de la Zambésie

Échantillon N.o 1

Résistances en grammes
{ Max. 7,7
Min. 1,0
Moyenne 3,846
Mode 2,2 }

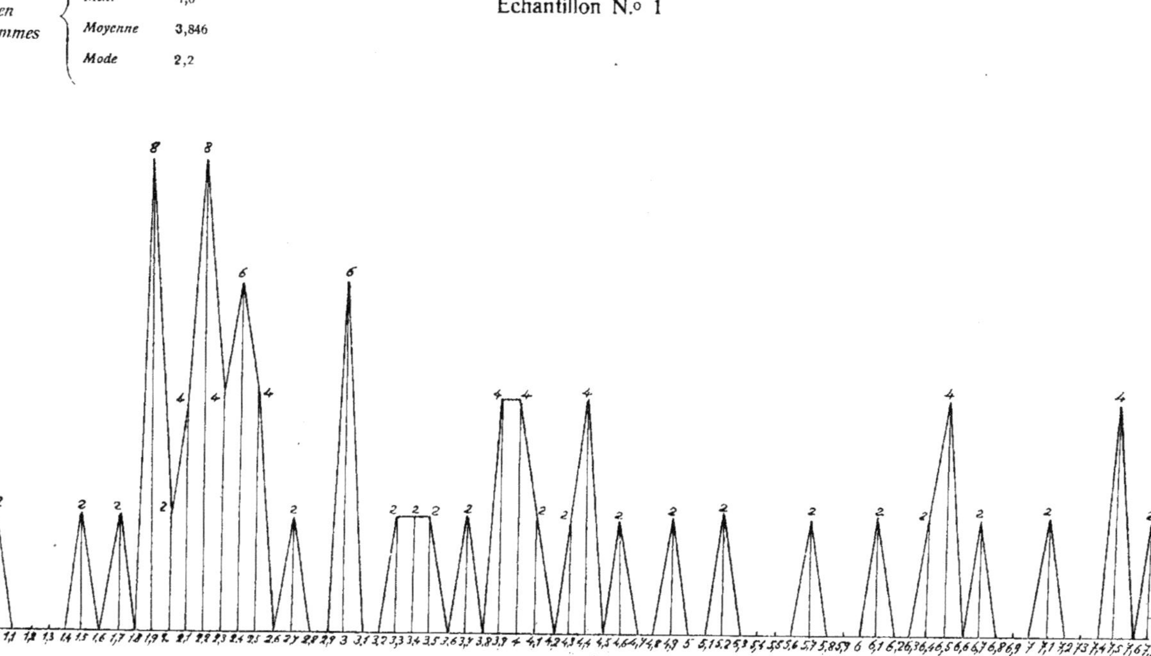

N.o 4 --- Polygone de fréquence des résistances des fibres.

Échantillon n.º 1-a

Coton produit par des cotonniers Upland-Nyassaland ; de première qualité, de la cueillette de 1911 ; égrainé par «*saw gin*».

Appréciation

Cet échantillon est constitué par du coton presque propre (il contient quelques débris de graines) ; la couleur est blanche légèrement crême ; les fibres sont assez regulières, fines et soyeuses.

Longueur. — La longueur des fibres, comme l'indiquent le tableau n.º 3 et le polygone de fréquence n.º 5, varie de 13 à 39 millimètres, avec une *moyenne* de 25,64 millimètres et un *mode* de 23 millimètres.

Le *type normal* est, donc, représenté par des fibres de *23 millimètres de longueur.* On voit aussi que les fréquences plus élevées correspondent aux longueurs comprises entre 22 et 30 millimètres (87 %), et surtout entre 23 et 25 millimètres (41 %) ; les 69 % des fibres ont les longueurs supérieures au *mode* (23 millimètres), et les 15 % ont des longueurs inférieures au *mode*.

Le pourcentage de fibres de longueurs variables entre 25 et 30 millimètres est de 49 % ; les 41 % des fibres ont des longueurs inférieures à 25 millimètres, et 10 % ont des longueurs supérieures à 30 millimètres.

Le pourcentage maximum de fibres dont la différence entre les longueurs n'excède pas 5 millimètres est de 64 % (23 à 28 millimètres).

Donc, par rapport à la longueur des fibres, il peut être rangé parmi les cotons intermédiaires entre les «*courtes soies*» et les «*moyennes soies*».

Quant au degré d'homogenèité de la longueur il est *assez homogène.*

Il n'est pas douteux que le fait de ce coton présenter des fibres plus courtes, que celui de l'échantillon n.º 1, tient à l'égrainage avoir été faite au moyen de «*saw gin*», car elles brisent d'avantage les fibres que les «*roller gin*», comme on le sait.

Résistance. — La résistance des fibres varie, comme le montrent le tableau n.º 3 et le polygone de fréquence n.º 6, entre 2,1 et 8,8 grammes, avec une *moyenne* de 4,776 grammes, et un *mode* de 3,4 grammes. Le *type normal* est, donc, représenté par les fibres ayant 3,4 grammes de résistance.

De même on peut s'assurer que les fréquences les plus élevées correspondent aux résistances comprises entre 3,3 et 5 grammes (44 %), et que les 24 % des fibres ont des résistances inférieures au *mode* (3,4 grammes), et les 70 % des résistances supérieures au *mode*.

Cela parait prouver que la résistance tend plutôt à augmenter, qu'à diminuer, comme nous l'avons déjà fait remarquer à propos de l'échantillon n.º 1.

Ce coton ne présente pas de fibres ayant des résistances inférieures à 2,1 grammes. Les 60 % des fibres ont des résistances non inférieures à 4 grammes, et les 22 % des résistances non inférieures à 6 grammes. Le pourcentage plus élevé de fibres dont les résistances varient tout au plus de 2 grammes, est de 46 % (3 à 5 grammes). Donc, par rapport à la résistance c'est un coton de *«moyenne résistance»*. Quant au degré d'homogénéité, il est *«peu homogène»*.

Cela doit tenir surtout à une cueillette du coton en différent degré de maturation.

Caractéristiques de ce coton. — Coton presque propre; blanc légèrement crème; fibres assez regulières, fines et soyeuses; type intermédiaire entre les *«courtes soies»* et les *«moyennes soies»* et *assez homogène* par rapport à la longueur; de *moyenne résistance* et *peu homogène* au point de vue de la résistance.

*

Mrs. E. et J. Fossat apprécièrent ce coton comme suit:
«Coton propre; légèrement beurrée; soie très courte et duveteuse.
Valeur nominale frcs. 85 les 50 kilos.»
Le *Upland (Middling)* était alors coté à frcs. 85,50 les 50 kilos.
C'est donc un coton à peu près équivalent au *Middling* américain.

COMPAGNIE DE LA ZAMBÉZIE

Plantation de Bompona

Fig. 8 — Un champ de coton (1911)

Fig. 9 — Indigènes appliquant un insecticide dans un champ de cotonniers

Tableau n.º 3

Coton de la Compagnie de la Zambèzie (Upland) Cueillette 1911 (ègrainé) (1)

ÉCHANTILLON N.º 1-a

VARIATIONS DE LA RÉSISTANCE DES FIBRES		VARIATIONS DE LA LONGUEUR DES FIBRES	
Résistance en grammes	Fréquence	Longueur en millimètres	Fréquence
2,1	2	13	1
2,4	4	19	1
2,5	4	20	3
2,6	4	21	4
2,8	4	22	6
3,1	2	23	16
3,3	6	24	10
3,4	6	25	15
3,5	4	26	7
3,7	4	27	9
3,9	2	28	7
4,0	4	29	5
4,3	2	30	6
4,4	4	31	1
4,5	2	32	3
4,8	2	33	1
4,9	2	34	1
5,0	6	35	1
5,1	2	37	1
5,2	4	38	1
5,5	2	39	1
5,6	2		
5,7	2		
5,9	4		
6,4	4		
6,6	2		
6,7	2		
7,4	2		
7,6	2		
7,7	2		
8,2	2		
8,4	2		
8,6	2		
8,8	2		

Pourcentage des différentes résistances (º/₀) — Pourcentage des différentes longueurs (º/₀)

(1) Avec *saw-gin*.

Coton de la C.ⁱᵉ de la Zambésie

Échantillon N.º 1-a

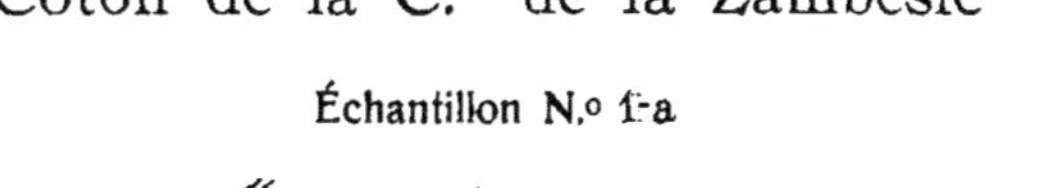

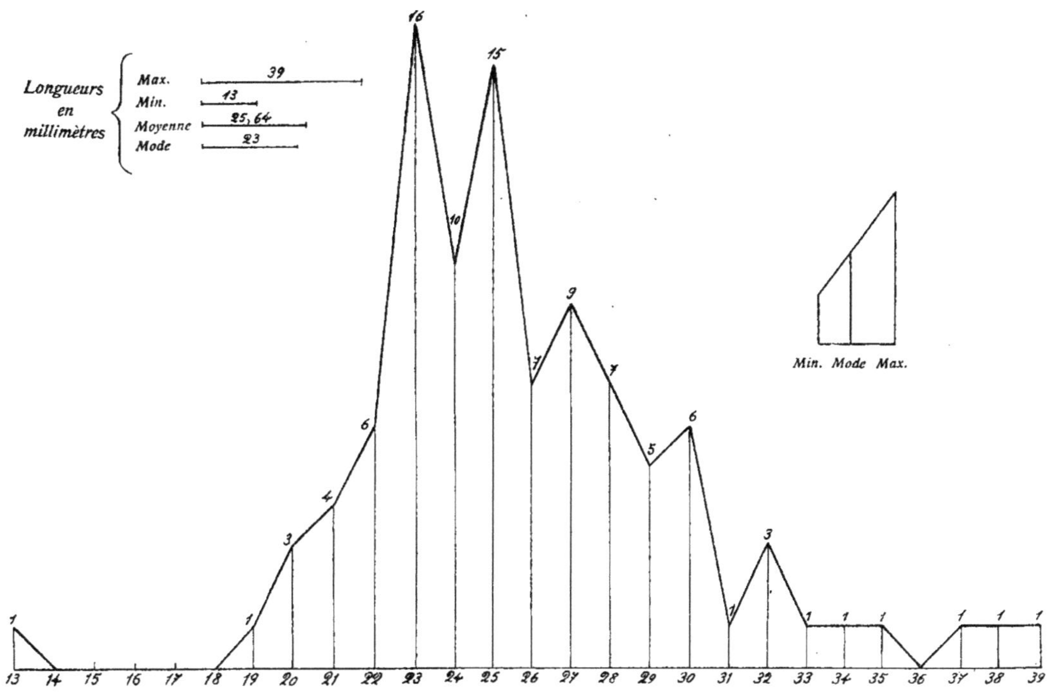

N.º 5 — Polygone de fréquence des longueurs des fibres.

Coton de la C.ie de la Zambésie

Échantillon N.º 1-a

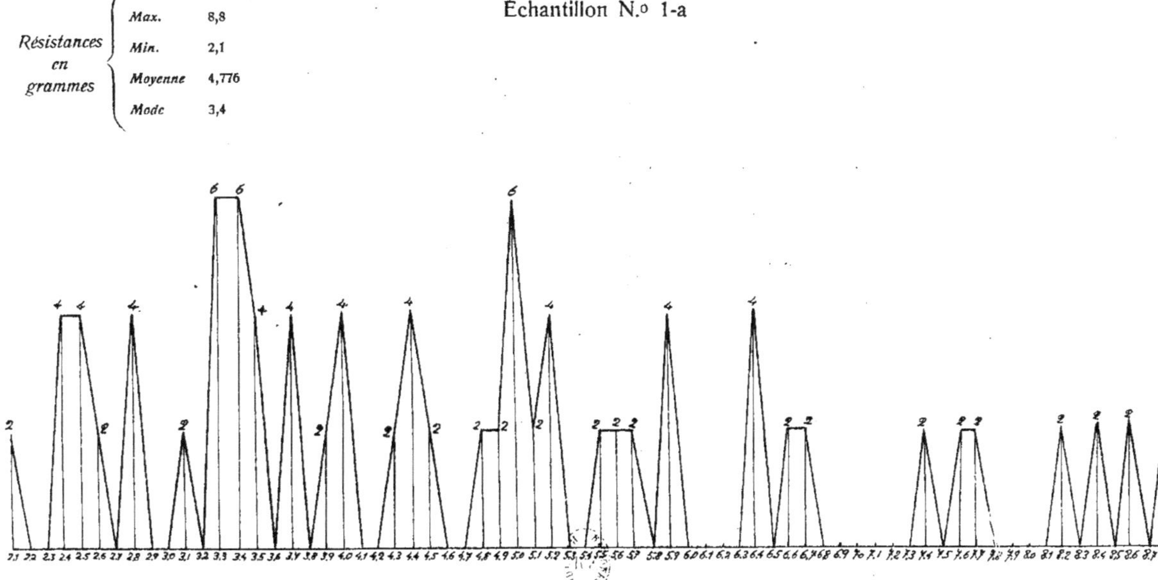

N.º 6 - Polygone de fréquence des résistances des fibres.

Échantillon n.º 2

Coton produit par des cotonniers *Upland*-Nyassaland; de deuxième qualité, de la cueillette de 1911; non égrainé.

Appréciation

Cet échantillon est constitué par du coton non égrainé, d'aspect plus ou moins laineux, presque propre (contient à peine quelques débris de feuilles); la couleur est blanche, nuancé parfois de crême ou jaunâtre. Les fibres sont assez fines et soyseuses.

Le pourcentage de fibres dans les graines est de 44,9 %. Elles sont donc, très riches en fibres.

Variations de la longueur des fibres et distribution des diverses longueurs dans les graines (tableau n.º 4)

Fibres du sommet:

La longueur des fibres du sommet des graines varie entre 11 et 32 millimètres, avec une *moyenne* de 22 millimètres; on y trouve deux *modes* 20 et 23 millimètres.

Les fréquences plus élevées correspondent aux longueurs comprises entre 20 et 25 millimètres (67 %), en outre, le pourcentage maximum de fibres dont les longueurs varient de 5 millimètres, est aussi compris entre ces limites. Les 34 % des fibres ont des longueurs supérieures au *mode* (23 millimètres), auquel correspond la fréquence plus élevée; les 5o % ont des longueurs inférieures à ce *mode*.

Donc, par rapport aux fibres du sommet des graines, c'est un coton «*courtes soies*» et «*assez homogène*».

Fibres des côtés:

La longueur des fibres des côtés des graines varie de 12 à 32 millimètres, avec une *moyenne* de 21,3 millimètres; on y trouve deux *modes*, 20 et 22 millimètres.

Les fréquences plus élevées correspondent aux longueurs comprises entre 19 et 24 millimètres (68 %); en outre, c'est aussi entre ces limites que l'on trouve le pourcentage maximum de fibres dont les longueurs varient tout au plus de 5 millimètres. Les 36 % des fibres ont des longueurs supérieures au *mode* (22 millimètres) auquel correspond la fréquence plus élevée, et les 47 % des fibres ont des longueurs inférieures à ce *mode*.

Donc, par rapport aux fibres des côtés des graines, c'est un coton «*courtes soies*» et «*assez homogène*», et, peut-être, avec tendance à une diminution de la longueur, plutôt qu'à une augmentation.

Fibres de la base:

La longueur des fibres de la base des graines varie entre 13 et 26 millimètres, avec une moyenne de 19,8 millimètres.

On y trouve les trois *modes*, 18, 20 et 22 millimètres. Les fréquences plus élevées correspondent aux longueurs comprises entre 18 et 22 millimètres (71 %); le pourcentage maximum des fibres dont les longueurs varient tout au plus de 5 millimètres, ce trouve aussi compris entre ces limites. Les 38 % des fibres ont des longueurs supérieures au *mode* (20 millimètres) auquel correspond la fréquence plus élevée, et les 45 % des fibres ont des longueurs inferieures à ce *mode*.

Donc, par rapport à la longueur des fibres de la base des graines, c'est un coton «*courtes soies*» et «*très homogène*».

Variation de la longueur de toutes les fibres des graines:

La longueur de toutes les fibres des graines (comme on le voit au tableau n.º 4, et au polygone de fréquence n.º 7), varie de 11 à 32 millimètres, avec une *moyenne* de 21,1 millimètres. Le polygone de fréquence présente *deux modes*: 20 et 22 millimètres; celà prouve que les cotonniers qui ont produit ce coton n'appartenaient pas à une *variété pure*, mais bien à *deux variétés* mélangées, dont le *type normal* des fibres de l'une est représenté par les fibres de *20 millimètres* de longueur, et celui de l'autre par les fibres de *22 millimètres* de longueur. Probablement il s'agit de deux variétes de cotonniers du type *Upland*, une produisant des fibres plus courtes que l'autre. On voit aussi que les fréquences plus élevées correspondent aux longueurs comprises entre 18 et 25 millimètres (81 %); les 35 % des fibres ont des longueurs supérieures au *mode* auquel correspond la fréquence plus élevée (22 millimètres), et les 49 % ont des longueurs inférieures à ce *mode*. Donc, par rapport au total des fibres des graines, le pourcentage des fibres ayant des longueurs inférieures au *mode* est plus élevé que celui des fibres ayant des longueurs supérieures au *mode*, comme il se passe avec les fibres des diverses parties des graines,

COTON DE LA COMPAGNIE DE LA ZAMBÉZIE

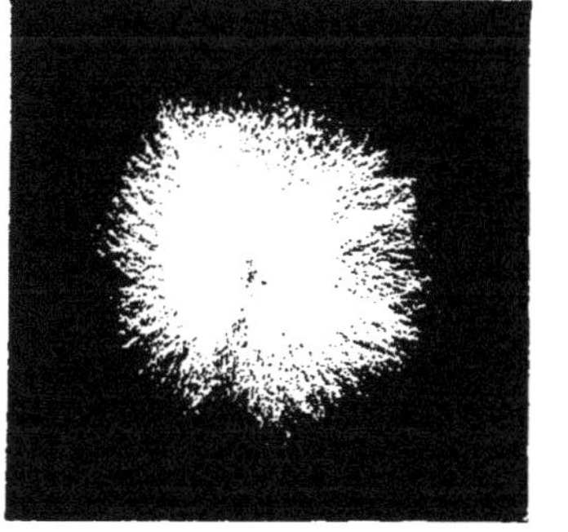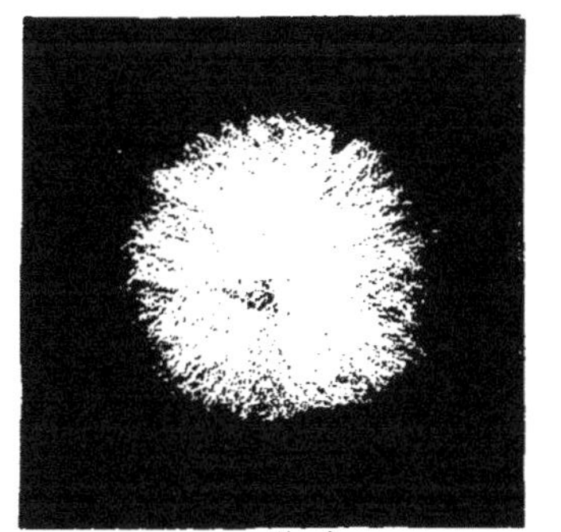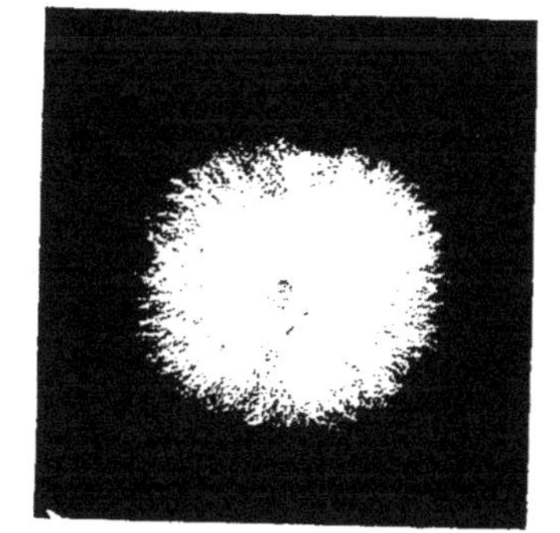

Fig. 10 — Echantillon n.º 2 — Upland Nyassaland — Cueillette de 1911

et on doit remarquer que les pourcentages respectifs se rapprochent beaucoup.

Les cotonniers producteurs de ce coton semblent avoir une tendance à donner des fibres courtes, plutôt que des fibres longues, néanmoins comme il ne s'agit pas d'une variété pure mais d'un mélange de deux variétés, les polygones de fréquence respectifs se superposent, plus ou moins, et ainsi on ne peut affirmer d'une façon absolue quel est le sens dans lequel la variation de la longueur tend à se produire.

Le pourcentage de fibres ayant des longueurs comprises entre 11 et 25 millimètres est de 91 %; l'échantillon ne présente pas de fibres dont la longueur soit inférieure à 11 millimètres, et seulement les 16 % des fibres ont des longueurs supérieures à 25 millimètres.

Le pourcentage maximum de fibres ayant des longueurs variant tout au plus de 5 millimètres est de 65 % (19 à 24 millimètres).

Donc, par rapport à la longueur des fibres, c'est un coton *«courtes soies»* bien caractérisé. Quant au degré d'homogénéité de longueur, il est *«assez homogène»*, comme le prouvent les chiffres présentés, et on peut encore s'en assurer en examinant la figure n.º 10; celà prouve que les cotonniers qui l'ont produit sont déjà bien aclimatés.

Néanmoins une sélection dans le sens de séparer les deux variétés serait avantageuse, pour en déterminer avec rigueur sa valeur relative, et ainsi ne cultiver que la meilleure de ces variétés.

Tableau n.º 4

ÉCHANTILLON N.º 2

Coton de la Compagnie de la Zambézie (Upland)
Cueillette 1911 (non égrainé)

VARIATIONS DE LA LONGUEUR DES FIBRES

Longueur en millimetres	Dans le sommet (400 fibras)	Dans les cotes (400 fibras)	Dans la base (200 fibras)	Pourcentage des différentes longeurs dans la graine ⁰⁰/∞
11	2	0	0	2
12	1	2	0	3
13	1	2	1	4
14	3	3	2	8
15	8	6	4	18
16	4	9	6	19
17	14	15	17	46
18	18	34	31	83
19	25	40	29	94
20	46	49	34	129 M.
21	40	28	24	92
22	49	69	26	144 M.
23	51	44	12	107
24	43	43	6	92
25	40	26	6	72
26	16	8	2	27
27	14	12	0	26
28	15	3	0	18
29	3	2	0	5
30	1	4	0	5
31	4	0	0	4
32	1	1	0	2
Max.	32	32	26	32
Min.	11	12	13	11
Moyenne	22	21,3	19,8	21,1

Coton de la C.ⁱᵉ de la Zambésie (non égrainé)

Échantillon N.º 2

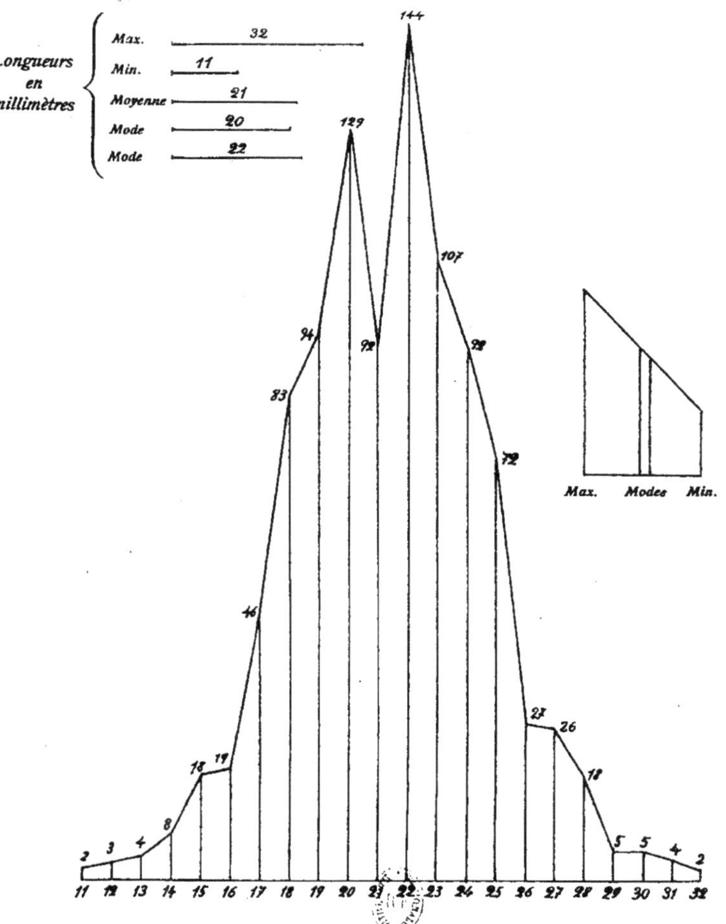

N.º 7 — Polygone de fréquence des longueurs des fibres.

Échantillon n.º 2=a

Coton produit par des cotonniers *Upland Nyassaland;* de deuxième qualité, de la cueillette de 1911; égrainé par «*roller gin*».

Appréciation

Cet échantillon est constitué par du coton assez sale (contient assez de débris de graines); la couleur générale est crême, mais il contient beaucoup de mêches jaunes; les fibres sont assez soyeuses mais irrégugulières par rapport au diamètre.

Longueur. — La longueur des fibres, comme l'indiquent le tableau n.º 5, et le polygone de fréquence n.º 8, varie de 16 à 36 millimètres, avec une *moyenne* de 25 millimètres et un *mode* de 28 millimètres.

Le *type normal,* est, donc, représenté par les fibres de 28 millimètres de longueur. On voit aussi que les fréquences les plus élevées correspondent aux longueurs comprises entre 25 et 30 millimètres (56 %); Les 29 % des fibres ont des longueurs supérieures au *mode* (28 millimètres), et les 59 % ont des longueurs inférieures au *mode.*

Le pourcentage de fibres dont la longueur varie de 25 à 30 millimètres, est de 56 % (c'est aussi le pourcentage maximum de fibres ayant des longueurs dant la différence n'excède pas 5 millimètres); les 33 % des fibres ont des longueurs inférieures à 25 millimètres, et les 11 % ont des longueurs supérieures à 30 millimètres. Donc, par rapport à la longueur des fibres, c'est un coton «*moyennes soies*», tout en s'approchant plus du type «*courtes soies*», que de celui «*longues soies*».

Quant au degré d'homogénéité de la longueur, c'est un coton «*assez homogène*», s'approchant cependant du type «*peu homogène*».

Résistance. — La résistance des fibres varie, comme le montrent le tableau n.º 5 et le polygone de fréquence n.º 9, entre 1,6 et 9,9 grammes, avec une *moyenne* de 4,984 grammes, et un *mode* de 2,6 grammes.

Le *type normal* est, donc, représenté par les fibres ayant 2,6 grammes de résistance. De même on peut s'assurer que les fréquences les plus élevées correspondent spécialement aux résistances comprises entre 2 et 3,3 grammes (24 %); et que les 14 % des fibres ont des résistances inférieures au *mode* (2,6 grammes), et 80 % des résistances supérieures au *mode.*

On voit aussi que la résistance tend plutôt à augmenter qu'à diminuer.

Le pourcentage de fibres de résistances non inférieures à 4 grammes est de 64 %; et de résistances non inférieures à 6 grammes est de 34 %.

Le pourcentage maximum de fibres dont les résistances varient tout au plus de 2 grammes est de 38 % (5 à 7 grammes),

Donc, par rapport à la résistance, c'est un coton de *«moyenne résistance»*.

Quant au degré d'homogénéité de la résistance, il est *«peu homogène»*.

Cela doit tenir surtout à une cueillette du coton en différent degré de maturation.

Caractèristiques de ce coton.— Coton assez sale (contient des débris de graines); crême, beaucoup de mêches jaunes; fibres assez soyeuses; irrégulières par rapport an déamètre. Type *moyennes sois* et *assez homogène* (s'approche du type *peu homogène*) au point de vue de la longueur. De *moyenne résistance* et *peu homogène* par rapport à la résistance.

*

Méssieurs E. et J. Fossat l'ont apprecier comme suit:

«Coton de nuance beurrée, taché et mal cultivé, la soie très courte et irrégulière; mauvaise qualité, peu recommendable. Valeur nominale: frcs. 65 à 70 les 50 kilos.»

Le *Upland (middling)* était coté à frcs. 85,50 les 50 kilos.

Fig. 11 — Un champ de cotonniers et de sisal

Tableau n.º 5

ÉCHANTILLON N.º 2-a

Coton de la Compagnie de la Zambézie (Upland) Cueillette 1911 (ègrainé) (1)

VARIATIONS DE LA RÉSISTANCE DES FIBRES		VARIATIONS DE LA LONGUEUR DES FIBRES	
Résistance — grammes	Fréquence	Longueur — millimètres	Fréquence
1,6	2	16	1
1,8	2	17	2
1,9	2	18	1
2,0	4	19	3
2,5	4	20	6
2,6	6	21	8
2,7	4	22	1
2,8	2	23	4
3,3	4	24	7
3,6	2	25	8
3,7	2	26	9
3,9	2	27	9
4,0	2	28	12
4,4	2	29	10
4,6	4	30	8
4,7	2	31	2
4,8	2	32	2
5,0	2	33	3
5,2	2	34	3
5,4	2	36	1
5,5	2		
5,6	6		
5,8	2		
5,9	2		
6,1	4		
6,2	4		
6,4	2		
6,5	2		
6,6	4		
6,7	4		
7,5	4		
8,4	2		
8,8	2		
9,2	2		
9,5	2		
9,9	2		

Pourcentage des différettes résistances (º/₀)

Pourcentage des différentes longueurs (º/₀)

(1) Avec «roller gin».

Coton de la C.ie de la Zambésie

Échantillon N.º 2-a

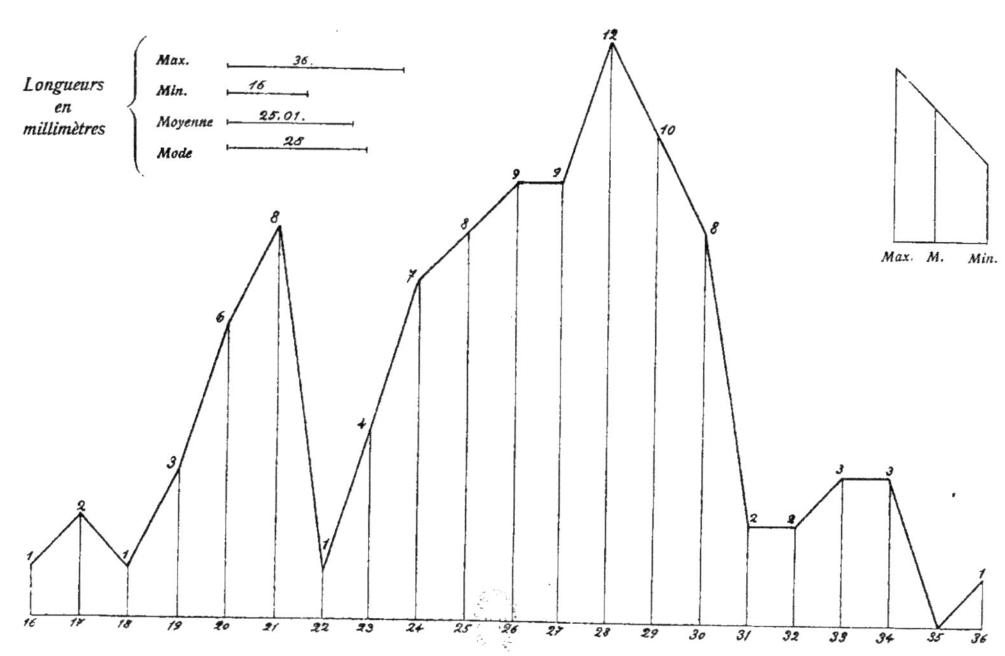

N.º 8 — Polygone de fréquence des longueurs des fibres.

Coton de la C.ie de la Zambésie

Échantillon N.º 2-a

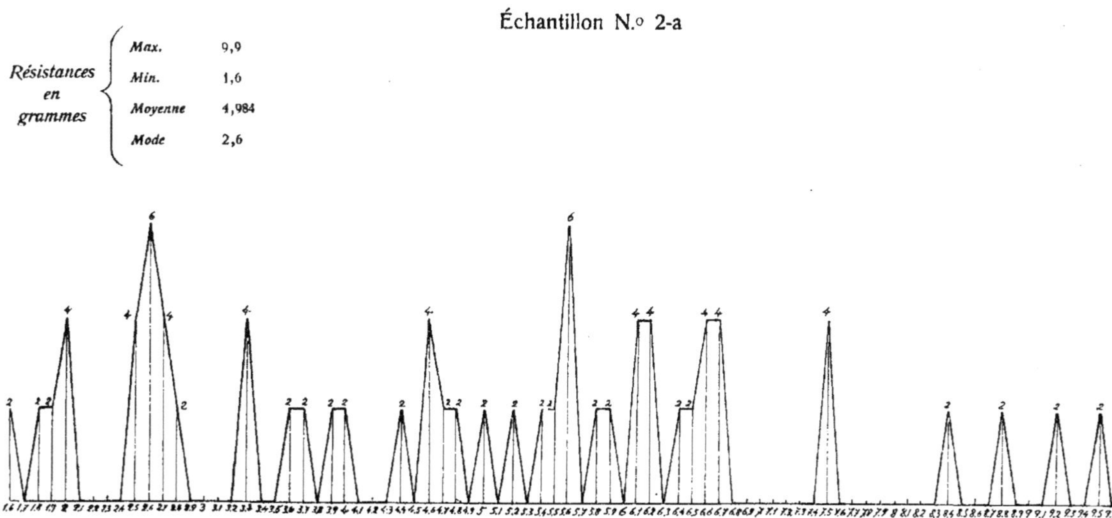

N.º 9 — Polygone de fréquence des résistances des fibres.

Échantillon n.º 2=b

Coton produit par des cotonniers *Upland Nyassaland*; de deuxième qualité, de la cueillette de 1911; égrainé par *saw gin*.

Appréciation

Cet échantillon est constitué par du coton assez sale (contient assez de débris de graines); la couleur générale est crème, mais il contient assez de mêches jaunes; les fibres sont assez soyeuses, mais irrégulières par rapport an diamètre.

Longueur.— La longueur des fibres, comme l'indiquent le tableau n.º 6 et le polygone de fréquence n.º 10, varie entre 16 et 43 millimètres, avec une *moyènne* de 25 millimètres et un *mode* de 23 millimètres Donc, *le type normal* est représenté par des fibres ayant *23 millimètres de longueur*. En autre, les fréquences plus élevées correspondent aux longueurs comprises entre 23 et 28 millimètres (60 %); les 72 % des fibres ont des longueurs supérieures au *mode* (23 millimètres), et les 16 % ont des longueurs inférieures au *mode*.

Le pourcentage de fibres ayant des longueurs variables entre 25 et 30 millimètres est de 49 %; les 39 % des fibres ont des longueurs inférieures à 25 millimètres, et les 12 % ont des longueurs supérieures à 30 millimètres.

Le pourcentage maximum de fibres dont les longueurs varient tout au plus de 5 millimètres est de 60 % (23 à 28 millimètres).

Donc, par rapport à la longueur des fibres, ce coton peut être rangé parmis les cotons intermédiaires entre les *courtes soies et les moyènnes soies*, s'approchant plutôt de ce dernier type.

Quant au degré d'homogenèité de la longueur, c'est un coton *assez homogène*.

Résistance. — La résistance des fibres varie, comme l'indiquent le tableau n.º 6 et le polygone de fréquence n.º 11, entre 1,7 et 7,6 grammes, avec une *moyènne* de 3,984 grammes, et un *mode* de 2,8 grammes.

Le *type normal* est, donc, représenté par des fibres ayant une résistance de 2,8 grammes.

En outre, les fréquences plus élevées correspondent aux résistances comprises entre 2,8 et 3,4 grammes (24 %); les 22 % des fibres ont des résistances inférieures au *mode* (2,8 grammes), et les 70 % ont des résistances supérieures au *mode*. Ainsi, la résistance tend plutôt à augmenter qu'à diminuer, comme on l'a aussi vu pour le coton de l'échantillon n.º 2-a. Le pourcentage de fibres ayant des résistances non inférieures à 2 grammes est de 94 %; et avec des résistances non inférieures à 4 grammes est de 44 %.

Le pourcentage maximum de fibres ayant des résistances variant tout au plus de 2 grammes est de 56 % (2,3 à 4,3 grammes).

Donc, par rapport à la résistance, c'est un coton *peu résistant,* tout en s'approchant des cotons de *moyenne résistance.*

Quant au degré d'homogeneité de la résistance, c'est un coton *assez homogène,* tout en s'approchant plutôt du type *peu homogène,* que de celui *très homogène.*

Se manque de résistance et d'homogenèité de ce coton doit tenir surtout à une cueillette du coton en differente degrès de maturation.

Caractèristiques de ce coton.— Coton assez sale, (contient assez de débris de graines); créme, assez de mêches jaunes; fibres assez soyeuses; mais irrégultères par rapport au diamètre. Type intermédiaire entre les *courtes soies* et les *moyènnes soies* (s'approchant plus de ce dernier type), et assez homogéne par rapport à la longueur. Peu résistant (s'approchant du type moyenne résistance) et *assez homogène* (s'approchant du type *peu homogène),* par rapport à la résistance.

*

Méssieurs E. et J. Fossat l'ont apprécier comme suit:
«Coton de nuance jaune accentuée; taché, remplie de défectuosités et corps étrangers. Valeur nominale frcs. 60 à 65 les 50 kilos.»
Le cour du *Upland (Middling)* était de frcs. 85,50 les 50 kilos.

Tableau n.° 6

Coton de la Compagnie de la Zambézie (Upland) Cueillette 1911 (ègrainé)

ÉCHANTILLON N.º 2-b

VARIATIONS DE LA RESISTANCE DES FIBRES		VARIANTES DE LA LONGUEUR DES FIBRES	
Résistance en grammes	Fréquence	Longueur en millimètres	Fréquence
1,7	2	16	1
1,8	2	20	4
1,9	2	21	6
2,1	2	22	5
2,2	2	23	12
2,3	4	24	11
2,4	4	25	10
2,6	2	26	9
2,7	2	27	7
2,8	8	28	11
2,4	2	29	7
3,0	4	30	5
3,1	2	31	4
3,3	2	32	1
3,4	6	33	3
3,6	2	34	2
3,8	4	36	1
3,9	4	43	1
4,0	2		
4,1	2		
4,2	2		
4,3	4		
4,5	2		
4,7	4		
5,2	4		
5,3	2		
5,4	2		
5,9	2		
6,0	2		
6,1	2		
6,4	2		
6,5	2		
6,6	2		
6,9	2		
7,2	2		
7,4	2		
7,6	2		

Pourcentage des différentes résistances (%)

Pourcentage des différentes longueures (%)

Coton de la C.ie de la Zambésie

Échantillon N.º 2-b

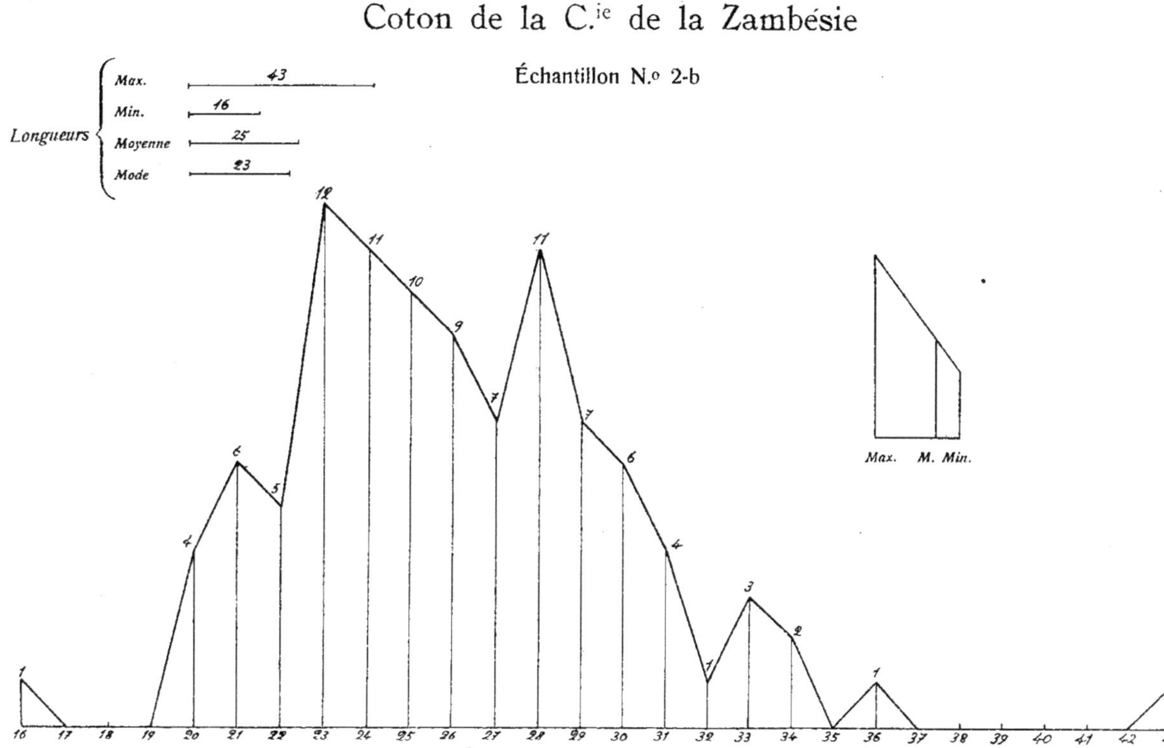

N.º 10 — Polygone de fréquence des longueurs des fibres.

Coton de la C.ie de la Zambésie

Échantillon N.o 2-b

Résistances en grammes
- Max. 7,6
- Min. 1,7
- Moyenne 3,984
- Mode 2,8

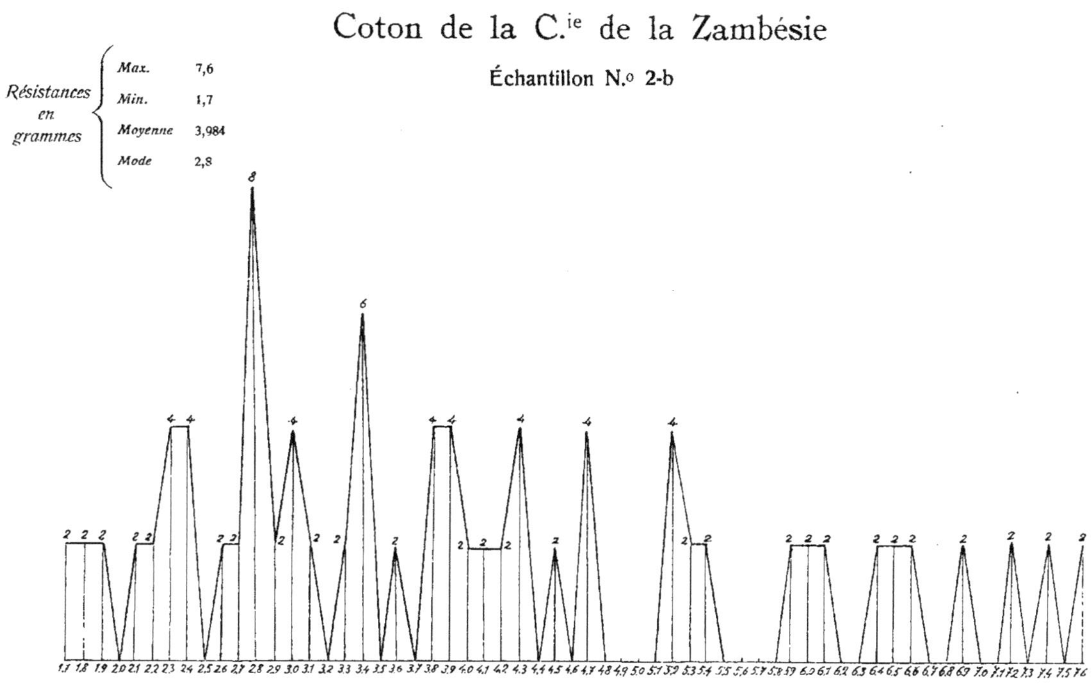

N.o 11 -- Polygone de fréquence des résistances des fibres.

Échantillon n.º 3

Coton produit par des cotonniers — *Upland Nyassaland;* de première qualité, de la cueillette de l'année 1911; égrainé.

Appréciation

Cet échantillon est constitué par du coton propre, presque blanc; les fibres sont assez fines et soyeuses, mais renferme quelque duvet.

Longueur.— La longueur des fibres, comme l'indiquent le tableau n.º 7 et le polygone de fréquence n.º 12, varie entre 15 et 35 millimètres, avec une *moyenne* de 26,15 millimètres et un *mode* de 25 millimètres.

Ainsi, le *type normal* est représenté par les fibres de 25 millimètres de longueur. En outre, les fréquences plus élevées correspondent aux longueurs comprises entre 23 et 26 millimètres (48 %); les 46 % des fibres ont des longueurs supérieures au *mode* (25 millimètres), et les 40 % ont des longueurs inférieures au *mode*.

Le pourcentage des fibres ayant des longueurs variables entre 25 et 30 millimètres, est de 49 %; les 40 % des fibres ont des longueurs inférieures à 25 millimètres, et les 11 % ont des longueurs supérieures à 30 millimètres.

Le pourcentage maximum de fibres dont les longueurs varient tout au plus de 5 millimètres est de 55 % (21 à 26 millimètres). Donc, par rapport à la longueur des fibres ce coton peut être rangé parmi les cotons intermédiaires entre les *courtes soies* et les *moyennes soies*, s'approchand plutôt dece dernier type.

Quant au degré d'homogénéité, c'est un coton *assez homogène.*

Résistance.— La résistance des fibres (comme l'indiquent le tableau n.º 7 et le polygone de fréquence n.º 13) varie entre 2 et 11 grammes, avec une *moyenne* de 5,15 grammes, et un *mode* de 6,7 grammes.

En outre, les fréquences plus elevées (sauf la plus élevée 8) correspondent aux résistances comprises entre 2,4 et 4 grammes (40 %), et surtout aux résistances comprises entre 2, 9 et 3,6 grammes (28 %); les 80 % des fibres ont des résistances inférieures au *mode* 6,7 grammes, et les 12 % des résistances supérieures au *mode*.

Ainsi, il semble que la résistance tend plutôt à diminuer, qu'à augmenter.

Ce coton ne présente pas de fibres de résistance inférieure à 2 grammes. Le pourcentage de fibres ayant des résistances non inférieures à 4 grammes, est de 60 %, et avec des résistances non inférieures à 6 grammes, est de 28 %.
Le pourcentage maximum de fibres dont les résistances varient tout au plus de 2 grammes, est de 46 %.
Donc, par rapport à la résistance, c'est un coton de *moyenne résistance.*

Quant au degré d'homogénéité de résistance, c'est un coton *peu homogène,* tout en s'approchant du type *assez homogène.*

Le peu d'homogénéité de ce coton, doit, sans doute, tenir à une récolte du coton en des degrés divers de maturation.

Caractèristiques de ce coton.— C'est un coton propre, presque blanc; les fibres sont assez fines et soyeuses. Type intermédiaire entre les *courtes soies* et les *moyennes soies* (s'approchant plus de ce dernier type) et assez homogène par rapport à la longueur; de moyenne résistance et peu homogène (s'approchant cependant assez du type *assez homogène)* par rapport à la résistance.

*

Messieur E. et J. Fossat l'ont aprecier comme suit:
«Coton assez blanc et propre, soie assez régulière comme longueur, assez longue et résistante, mais cependant renfermant encore quelques duvets. Genre intéressant pour l'industrie. Valeur nominale actuelle: 5 frcs. plus que le terme Havre.»
Le cours du terme Havre, c'est-à-dire du *Upland (Middling),* était de frcs. 84.

Tableau n.º 7

ÉCHANTILLON N.º 3

Coton de la Compagnie de la Zambèzie (Upland) Cueillette 1911 (égrainé)

VARIATIONS DE LA RÉSISTANCE DES FIBRES		VARIATIONS DE LA LONGUEUR DES FIBRES	
Résistance — grammes	Fréquence	Longueur — millimètres	Fréquence
2,0	2	15	1
2,1	2	17	2
2,4	4	18	2
2,9	6	19	2
3,0	2	20	6
3,1	2	21	1
3,2	2	22	6
3,4	4	23	14
3,5	6	24	6
3,6	6	25	15
3,9	4	26	13
4,0	4	27	5
4,1	2	28	5
4,2	2	29	5
4,3	2	30	6
4,4	2	31	1
4,8	2	32	2
5,0	2	33	5
5,1	2	34	1
5,4	4	35	2
5,7	6		
5,8	2		
5,9	2		
6,1	2		
6,4	2		
6,5	2		
6,6	2		
6,7	8		
7,0	2		
7,3	2		
8,5	2		
8,8	2		
10,1	2		
11,0	2		

Pourcentage des différentes résistances ($^{0}/_{0}$)

Pourcentage des différentes longueurs ($^{0}/_{0}$)

Coton de la C.ie de la Zambésie

Échantillon N.o 3

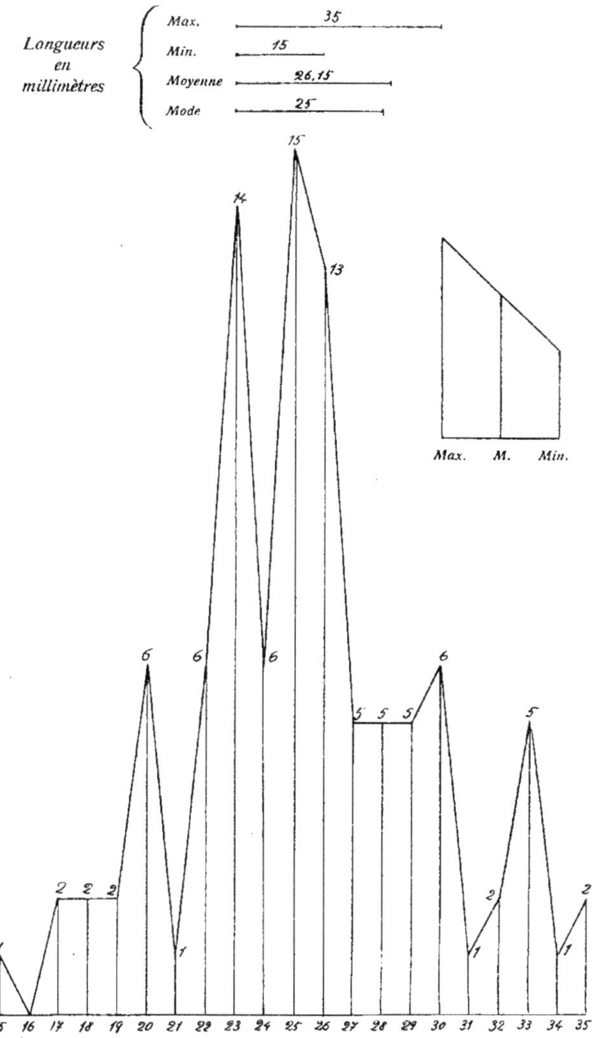

N.o 12 — Polygone de fréquence des longueurs des fibres

Coton de la C.ie de la Zambésie

Échantillon N.º 3

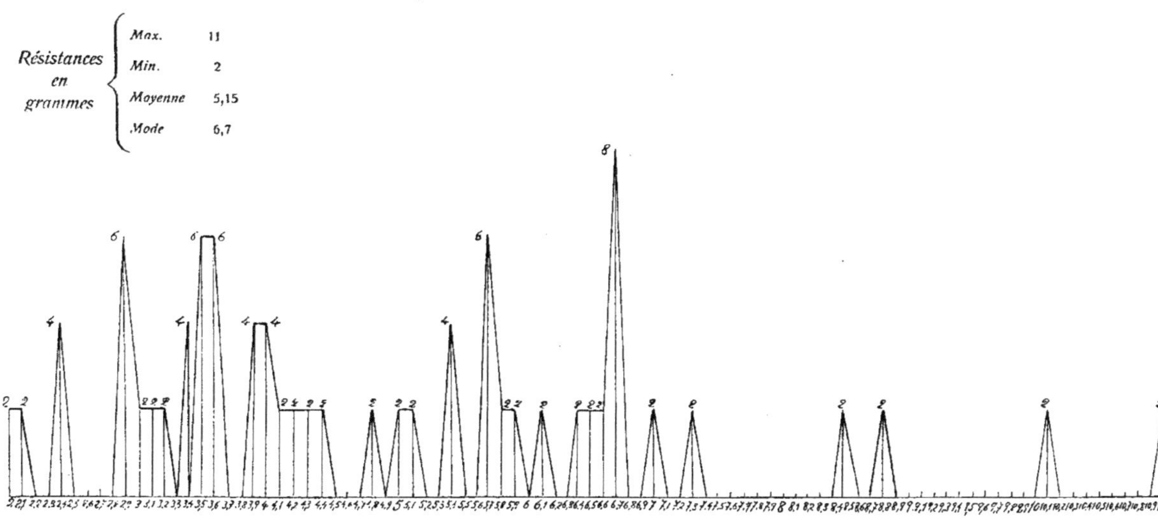

N.º 13 — Polygone de fréquence des résistances des fibres.

Échantillon n° 4

Coton produit par des cotonniers — *Upland Nyassaland;* de première qualité, de la cueillette de 1913; égrainé.

Appréciation

Cet échantillon est constitué par du coton propre; de couleur crême claire; les fibres sont assez fines et soyeuses; mais il renferme assez de duvets..

Longueur.— La longueur des fibres, comme l'indiquent le tableau n° 8 et le polygone de fréquence n° 14, varie entre 16 et 38 millimètres, avec une *moyenne* de 25,98 millimètres, et un *mode* de 30 millimètres.

Le *type normal* est, donc, représenté par les fibres de 30 millimètres de longueur. En outre, les fréquences plus élevées correspondent aux longueurs comprises entre 20 et 30 millimètres (78 %), et surtout entre 25 et 30 millimètres (47 %); les 19 % des fibres ont des longueurs supérieures au *mode* (30 millimètres), et les 72 % ont des longueurs inférieures au *mode*. Les 34 % des fibres ont des longueurs inférieures à 25 millimètres, et les 19 % ont des longueurs supérieures à 30 millimètres.

Le pourcentage maximum de fibres, dont les longueurs varient tout au plus de 5 millimètres est de 47 % (25 à 30 millimètres).

Donc, par rapport à la longueur des fibres, ce coton peut être rangé parmi les cotons intermédiaires entre les cotons *courtes soies* et les *moyennes soies*, tout en s'approchant plus de ce dernier type.

Quant au degré d'homogènéité, c'est un *coton peu homogène.*

Résistance.— La résistance des fibres varie, comme l'indiquent le tableau n° 8, et le polygone de fréquence n° 15, entre 1 e 8,8 grammes, avec une *moyenne* de 3,76 grammes.

Son *mode* n'est pas bien défini, car la fréquence maxima, soit 6 grammes, correspond aux classes, 2; 2,5; 3,4 et 5 grammes. Néanmoins, on peut prendre comme *mode* la classe 2 grammes, car c'est autour de cette classe qui se groupent les fibres dont les résistances s'écartent moins entre-elles, et en outre présentent une fréquence immédiatement inférieure a 6 grammes.

Les fréquences les plus élevées correspondent spécialement aux résistances comprises entre 2 et 3,4 grammes (38 %); les 8 % des fibres ont des résistances inférieures au *mode* (2 grammes), et les 86 % des résistances supérieures au *mode*. D'où l'on peut conclure que la résistance paraît tendre plutôt à augmenter qu'à diminuer.

Le pourcentage de fibres ayant des résistances non inférieures a 2 grammes est de 92 %, et celui de celles dont les résistances ne sont pas inférieures à 4 grammes est de 46 %. Le pourcentage maximum de fibres dont les résistances varient tout au plus de 2 grammes, est de 50 % (1,9 à 3,9 grammes).

Donc, par rapport à la résistance c'est un coton *peu résistant*, tout en s'approchant du type *moyenne résistance*. Quant au degré d'homogènéité de la résistance, c'est un coton *peu homogène*, s'approchant beaucoup du type *assez homogène*.

La faible résistance et le peu d'homogènéité de ce coton, doivent être dus, sans aucun doute, à une récolte d'une grande partie du coton en état de maturation incomplete.

En effet, comme nous l'avons dit plus haut pag. 30, en 1913 la maturation des capsules a été endommage par un abaissement de température.

Caractèristiques de ce coton. — C'est un coton propre, crème clair: fibres assez fines et soyeuses renferme assez de devets. Type *courtes soies*, s'approchant cependant beaucoup du type *moyennes soies*, et *peu homogène* au point de vue de la longueur; *peu résistant* (s'approchant du type *moyenne résistance)*, et *peu homogène* au point de vue de la résistance (s'approchant cependant beaucoup du type *assez homogène)*.

La Compagnie de la Zambésie nous à fait savoir que, d'après des experts de Liverpool, ce coton fut classé comme appartenant au type américain «Street good middling».

Et M. M. E. et J. Fossat, l'ont aprecier comme suit:

«Nuance légèrement beurrée, soie assez fine, mais plutôt courte et irrégulière. Fibre duveteuse, mais assez résistante. Valeur nominale actuelle: le cours du terme Havre».

Le Upland (Middling) était alors à 84 frcs.

C'est donc un coton equivalent au *Middling* américain.

Tableau n.º 8

ÉCHANTILLON N.º 4

Coton de la Compagnie de la Zambézie Cueillette 1913 (égrainé)

VARIATIONS DE LA RÉSISTANCE DES FIBBES		VARIATIONS DE LA LONGUEUR DES FIBRES	
Résistance — grammes	Férquence	Longueur — millimètres	Fréquence
1,0	2	16	1
1,2	2	17	1
1,9	4	19	1
2,0	6	20	6
2,2	4	21	7
2,5	6	22	6
2,7	4	23	6
2,9	2	24	6
3,0	4	25	9
3,3	2	26	7
3,4	6	27	6
3,5	2	28	8
3,6	2	29	8
3,7	2	30	9
3,8	2	31	5
4,2	4	32	2
4,5	4	33	6
4,6	2	34	1
5,0	6	35	3
5,2	2	36	1
5,5	2	38	1
5,6	4		
5,8	2		
5,9	2		
6,0	2		
6,2	4		
6,4	2		
6,5	2		
6,7	2		
7,3	2		
7,6	2		
8,0	4		
8,8	2		

Pourcentage des différentes résistances (%)

Pourcentage des différentes longueurs (%)

Coton de la Cie de la Zambésie

Échantillon N.º 4

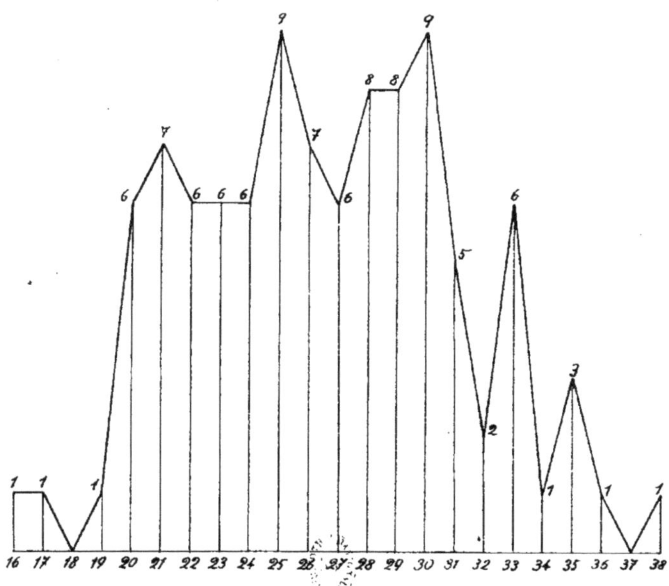

N.º 14 — Polygone de fréquence des longueurs des fibres.

Coton de la C.ie de la Zambésie

Échantillon N.o 4

Résistances en grammes
- Max. 8,8
- Min. 1
- Moyenne 3,76
- Mode 2

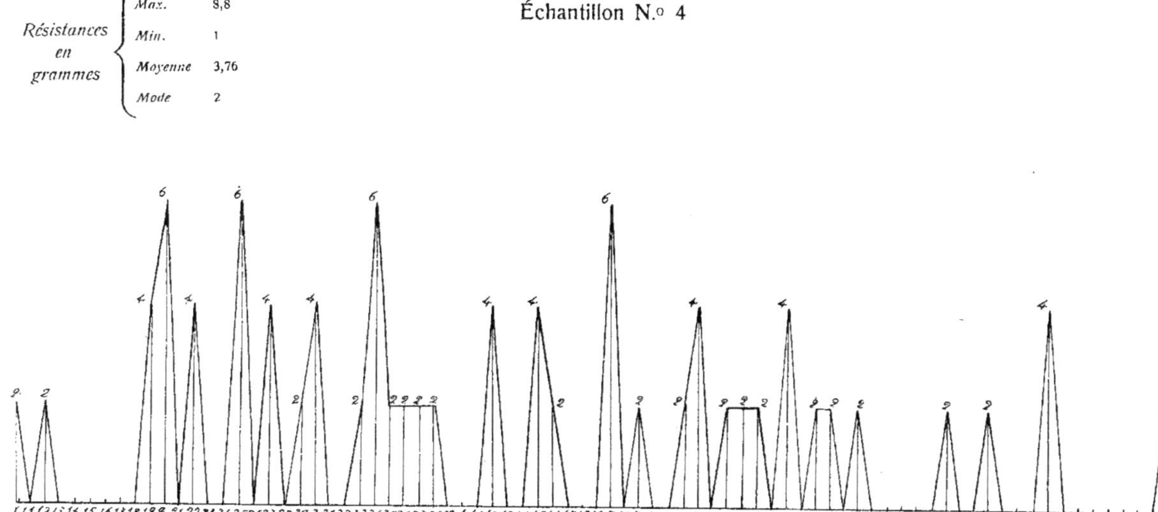

N.o 13 — Polygone de fréquence des résistances des fibres.

COTONS D'ANGOLA

Cotons de Catete (District de Loanda)

Par rapport aux cotons de Catete avant de présenter les résultats de nos études à l'egard d'un échantillon de coton de cette provenance, nous transcrirons un interessant memoire sur la culture du coton à Catete, du à M. A. Martiniano Pereira, distingué ingénieur agronome et directeur des postes cotonniers d'Angola (1).

Région de Catete

«Catete est le nom d'un petit bourg d'indigènes habité aussi par quelques Européens, situé sur un vaste plateau au Nord Est de Loanda, sur la voie ferrée de Ambaca.

Le plateau d'une altitude de 60 mètres au dessus du niveau de la mer, se prolonge autour de Catete dans un rayon d'environ trente kilomètres, avec de légères ondulations de terrain, et comprend Catete et d'autres petites bourgades éparses, dont la population totale est environ 12.000 âmes, et constitue par ses conditions de climat, et par la nature de ses terrains, une vraie région spécialisée, où depuis de longues années les nègres font la culture du coton conjointement avec le maïs, les haricots, et le sorgho ou *massambala*.

Climat

Le climat de Catete est caractérisé por sa température élevée, et par

---

(1) Martiniano Pereira. Memoria resumida sobre o algodão e o Posto algodoeiro de Catete. 1914. (Inédit).

la grande irrégularité des pluies d'une année à l'autre, car tandis que, en quelques années elles tombent en abondance, en d'autres, elles sont rares. Normalement, ainsi que dans presque toute la province de Angola, l'année y est partagée en deux saisons; l'une d'une sècheresse absolue, pendant six mois de suite, depuis Mai jusqu'à Octobre, l'autre (la saison des pluies) très incertaîne et très irrégulière, commence en Novembre et finit en Avril, avec une interruption, prèsque de pluies, sûre pendant tout le mois de Janvier.

Il n'y a pas de poste climatologique dans la région de Catete, et conséquemment on manque de données numériques en rapport au climat.

Les notes, que je vais présenter relatives à la chute des pluies à Catete, pendant ces deux derniéres années, sont incomplètes et très sommaires; toutefois elles pourront donner une idée de la variabilité dans la quantité de pluie annuelle.

Pendant l'année agricole de 1911-1912 le régime des pluies a été celui que j'éxpose à la suite:

La pluie n'est pas tombée en Novembre, pas plus que jusqu'au 28 Décembre. Exceptionnellement au mois de Janvier de 1912 elle est tombée en abondance le 4, le 11, et le 25. En Février, il plut le 7, le 14, le 18 et le 27. En Mars, le 15, le 21 et le 30. En Avril le 9, le, 13, le 20, et le 30, qui a été le dernier jour de pluie.

La totalité de pluie tombée pendant les 15 jours pluvieux de cette saison, a été de 910 millimètres. On peut dire que cette époque a été régulière en pluies. Toutes les cultures ont produit en abondance, sans excepter le coton.

Voici maintenant le regime des pluies pendant l'année agricole de 1912-1913.

Pendant les mois de novembre, décembre et janvier il n'a pas plu. La première pluie de la saison, n'est tombée que le 20 février. En mars il plut le 10, le 12, et le 28, et en avril le 1, le 11, le 16, le 20, et le 29, qui a été le dernier jour de pluie.

La totalité de pluie tombée pendant les 9 jours pluvieux de cette saison, a été de 407 millimètres, c'est-à-dire moins de la moitié de celle qui était tombée l'année antérieure.

Toutes les récoltes de cette année, et très spécialement celle du coton, ont été endommagèes, ainsi que je vais le montrer dans la suite, dans les notes des productions.

Terrains

Les terrains de Catete sont plus ou moins argileux, avec un pourcentage de sable qui varie de 45 jusqu'à 75 %.

Ils ne sont pas en général riches en azote et en chaux; mais ils sont régulièrement riches en potasse, et en acide phosphorique, et pour la plupart très riches en magnésie, qui en plusieurs d'entre eux atteint des proportions elevées (plus de 0, 6 %.)

Pour en donner un exemple je présente l'analyse chimique de deux sols (n° 1 et 2) et d'un sous-sol (n° 3) faites au laboratoire chimique de Loanda, par mon confrère J. Firmo de Sousa Monteiro, distingué directeur de cet établissement.

Analyse chimique de la terre fine (en 1000 parties de terre fine)

Nombres	Oxides de fer et aluminium	Chaux	Magnésie	Potasse	Azote	Acide phosphorique
1	79,27	16,97	6,34	1,35	0,59	1,73
2	41,05	8,57	3,78	2,80	1,85	2,18
3	61,07	6,48	0,90	1,33	1,26	1,03

Les terrains de Catete sont en général très profonds et perméables, d'un jaune chatain sur les coteaux et d'une couleur plus foncées presque noire dans les terrains bas.

Les sous-sols sont de la même nature des sols labourables, mais plus riches en argile et partout plus compacts, ce qui maintient l'humidité dans la couche supérieure laborable malgré les grandes sécheresses, toutefois qui les travaux de culture empêchent de se former une croute au dessus du terrain. Et c'est cette structure des terrains qui permet la rétention des eaux de pluie, une des causes qui explique la grande résistance du cotonnier aux sécheresses prolongées de la région de Catete.

Varieté de coton cultivé et façon de culture
en usage chez les indigénes

Jusqu'aux dernières années, on ne connaissait, et on ne cultivait à Catete que le cotonnier indigène.

Ce cotonnier est une plante arbustique robuste et vivace. Il dure plusieurs années, et il y en a à Calete de plus de 15 ans.

Il prend naturellement la forme pyramidale, ayant à peu près 2 métres
de diamètre à la base, et deux a trois mètres de hauteur pendant la.pre-
mière année, et quelques années plus tard, il atteint jusqu'à 4 ou 5 mètres de hauteur avec un diametre proportionnel.

Sa tige est forte, droite fibreuse et très dure. D'un vert sombre, les
premiers mois, elle prend plus tard une teinte rougeâtre qui se déploie
en stries sur les jeunes tiges, les pétioles et les nervures des feuilles.

Le tronc, ainsi que les branches et les pétioles du jeune cotonnier,
sont revêtus de quelques poils, et couverts d'innombrables ponctuations
noires toutes petites, et très rapprochées.

Sa ramification commence à la base du tronc et les premières branches trainent par terre, si elles ne sont pas taillées.

Ses feuilles ont la configuration et les caractères du *Gossipium barbadense,* et de ses congénères. Elles sont grandes, profondément décou-
pées en cinq lobules ovales lancéolés. Elles sont glabres sur la surface
supérieure, tandis que l'autre est parsemée de quelques poils. Ses fleurs
sont grandes d'un beau jaune soufre, taché à la base de chaque pétale
d'une plaque rouge-sanguin. Ses capsules sont ovales, coniques, très poin-
tues, ouvertes par trois valvules. Ses graines relativement grandes, très
abondantes, sont ovales et d'un chatain foncé, presque noir et adhèrent entre elles dans chacune des trois loges y forment comme que trois
noyaux. Et c'est certainement ce qui a donné lieu, à ce qu'on appela
très improprement *noyau,* la *graine* du cotonnier.

Les soies du coton, qui enveloppent la graine y sont si fortement
adhérentes, que l'on est obligé d'employer les machines à scier, pour
l'égrainage. Á l'instar de ce qui arrive avec le coton du Pérou et du Brésil on rencontre en differentes plantes de ce cotonnier, appelé indigène,
deux sortes de graines, sans que les plantes, qui les produisent respecti-
vement, présentent quelque dissemblance.

Il y a des graines, qui, quoique adhérentes et formant noyau, sont lis-
ses sans le moindre duvet, comme les graines du Sea-Island, et il y en a
d'autres adhérentes aussi, qui dépouillées de leurs poils longs et soyeux, res-
tent tout a fait revêtues de duvets comme les graines du coton Uplands.

Les racines du cotonnier indigène se développent beaucoup. La racine
principale, fusiforme. très allongée et fibreuse pénètre le sol jusqu'à la
profondeur de 2 mètres, en quête d'humidité lorsque la couche supérieure

du terrain ne peut plus la fournir. Et c'est aussi à celà, ainsi qu'au grand developpement foliaire de la plante, qu'est due sa grande résistance aux sécheresses. La résistance du cotonnier indigène de Catete à l'egard de l'invasion des insectes nuisibles et aux maladies cryptogamiques, est de même très extraordinaire.

Mais à côté de ces qualités précieuses le cotonnier indigène a aussi de graves défauts: — Il est de très faible productivité, et sa fructification est très tardive et pour celà elle est souvent endommagée par les pluies, quand elles devancent la saison.

En outre, son coton non égrainé, ne donne pas au sortir de la machine plus de 25 % de son poids en coton égrainé, les 75 % de surplus étant representés par la graine, quî est grande et très abondante.

Le coton indigène est parfaitement blanc, sans atteindre toutefois une blaucheur éblouissante.

Sa soie a la longueur de 20 a 25 miilimètres. Il est donc classifié industriellement comme un coton de soies courtes. La fibre n'est pas fine et soyeuse comme celle de l'Abassy mais elle est très résistante, et possède a un degré élevé, ce que les techniciens industriels appellent *nervosité*.

Toutefois le coton de Catete, tel qu'il est présenté aux marchés de Lisbonne et de Porto, est jugé par les industriels très peu homogène, ce qui est dû certainement à l'imperfection de la culture, ou manque de soin des nègres dans le choix de la saison convenable pour la récolte, celle de la maturation, au manque d'un sèchage en de bonnes conditions, et sans aucun doute à l'irrégularité du travail des machines, qui coupent la soie.

Néanmoins, il est très aprécié par sa grande résistance, et son élasticité.

Dans la région de Catete et ses environs, l'indigène, qui cultive le coton, ou fait la récolte des cotonniers sub-spontanés, qui y poussent en abondance, en fait généralement la vente aux petits marchands établis dans la région, au prix de 25 a 30 cent. le kilo. Ceux-ci à leur tour en font le trafic avec les propriétaires des égraineuses, qui le préparent et en font l'exportation.

Façon de cultiver en usage chez les indigènes

Le nègre borne ses préparatifs de culture à bien défricher le terrain, a bruler les bruyères et l'hérbe, qui vers l'époque des pluies le recouvrent. Aussitôt qu'elles tombent, il procède à la semaille usuelle des haricots, du maïs et du sorgho, ce qu'il fait en jetant dans chaque trou qu'il creuse quelques unes des trois graines mélangées, dans le but d'en faire des récoltes respectives au fur et a mesure de l'apparition de chacune des productions.

Et c'est au moment de ces semailles, que le nègre bon an, mal an, séme quelques graines de cotonnier dans les intervalles.

Les soins de culture, assez insignifiants, qu'il dispense à ses plantations (et qui ne dépassent pas un ou deux raclages de l'herbe, qui empêche le développement des plantes) sont partagés par les cotonnièrs, qui ont poussé, et que dès lors le nègre soigne pour qu'ils puissent se développer.

Les travaux du nègre envers sa pseudo-culture du coton ne vont pas plus loin. Malgré tout, le temps aidant (il faut que la pluie soit abondante) le cotonnier pousse, se couvre de fleurs, et à six mois, et quelques fois même avant, le coton peut être cueilli.

La récolte du coton indigène dure autant que la saison sèche et quelques fois dans les années séches jusqu'au mois de Novembre et Décembre.

Le cotonnier indigène de faible productivité et ainsi cultivé, produit généralement des récoltes très peu abondantes.

La première année il ne produit que très peu. Ensuite selon l'état de la plante, la nature et l'etat du sol, est surtout selon la quantité de pluie, la production du cotonnier indigène d'après les pesages que jai faites dans des circonstances les plus variées, peut être computé en cinquante grammes de coton égrainé par plante, ce qui correspond, pour chaque hectare, dont les plantes soient distanciées les unes des autres 2^m,5, à environ 80 kilos apeine.

La totalité de coton indigène produit annuellement dans toute la région de Catete ne dépasse pas environ 200 tonnes.

On expedia jusqu'au 31 Décembre, à Loanda, par le chemin de fer, 176 tonnes de coton non égrainé, de la derniere récolte (1913).

Aux environs de Catete, Cabiri, Muxima, Cunga et Cassoneca, et dans deux ou trois autres endroits proches de la voie ferrée dans ses 40 premièrs kilomètres, on fait aussi la culture du coton, qui dans les années favorables a produit dans sa totalité environ 80 tonnes.

Le Poste Cotonnier de Catete

**Résumé des essais de culture faits pendant les deux dernières années
de 1912-1913 et 1913-1914**

Dans le but spécial de donner à l'indigène l'enseignement pratique des meilleures méthodes culturales et de l'initier au développement de la culture du coton, le gouvernement général de Angola établit en 1908 à Catete, un poste expérimental cotonnier.

Ayant reconnu aux premiers essais les défauts, ainsi que les bonnes qualités du cotonnier indigène, le seul, jusqu'alors cultivé à Catete, on tacha d'essayer dans ce Poste la culture de quelques cotons exotiques, qui pourraient avantageusement être cultivés dans la région.

En ègard aux conditions spéciales de la localité, de son climat, et à la façon dont la culture doit y être faite, c'est-à-dire sans irrigation, dans un terrain sec (vrai dry-farming avec toutes ses règles et préceptes), on s'arrêta aux cotons américains du type *up-land*, largement cultivés en Amérique sans arrosage et produisant beaucoup, pour en faire à Catete des essais de culture. On choisit quelques variétés sellectionnées, dont les probabilités de succès etaient presque assurées, sans avoir toutefois le dessein de mettre de côté le cotonnier indigène, que l'on chercha à améliorer par la culture, par la sellection et aussi par l'hybridation avec quelques unes des variétés exotiques importées.

Les essais des deux premières années faits à Catete, et en même temps un peu partout dans la Province, ont fait connaitre que, non seulement les *up-land* sont adaptables aux conditions culturales de Catete, mais encore qn'ils sont de même appropriés aux terrains frais des plaines cultivées et arrosables, et que alors leur production devient beaucoup plus abondante.

On a eu l'occasion de reconnaitre par les essais de culture des deux années dernières, dont les resultats sont exposés aux tableaux qui suivent, que quelques varietés *d'up-land* sont extrêmement résistantes à une sêcheresse prolongée. Parmi ces essais on compte quelques *up-land* semés en 1909, qui supportèrent la grand sécheresse de 1911, où pas une seule goutte d'eau est tombée à Catete, et en 1912 ; agés de quatre ans, produisirent une cueillete régulière, environ 188 kilos de coton égrainé par hectare.

Mais ce que les essais de ce Poste ont démontré de même, c'est que les *up-land,* quoique vivaces à Angola et assez résistants à la sécheresse, ne sont pas susceptibles d'une aussi longue vie comme le cotonnier indigène. Les productions des *up-land* sont en général bien meilleures la deuxième année, que la première, mais à la troisième ils produisent en général bien moins, et à la quatrième, la cueillete est très peu abondante et la plante s'épuise.

Ceci dans les terrains secs, car dáns les terrains arrosables j'ai vu des *up-land* de 4 ans produisant autant que ceux de deux ans.

Essais de 1912-1913 et de 1913-1914

Le but de ces essais etait:

1.er Vérifier les productions des différentes variétés de *up-land* cultivées sans irrigation, sans engrais, d'après les usages des indigènes, mais ayant préparé d'abord convenablement le terrain, et en faisant ensuite avec perfection tous les travaux culturaux, que la plante exige.

2.^d Vérifier la production que le cotonnier *up-land* peut donner à differents ages dans d'egales conditions de culture.

Les travaux de préparation du terrain destiné à ces essais, ont été faits bien longtemps avant les semailles. On fit des profonds labourages, suivi d'hersages fréquents et énergiques pour obtenir la mobilisation et la pulvérisation du sol.

Les semailles ont été faites dans des sillons ouverts à la bêche, distants les uns des autres de 1^m,50; tandis que l'intervalle des plantes sur chaque ligne était d'un mètre.

Tous les travaux de culture subséquents ont été faits à la bêche, et suivent qu'on les a jugés necessaires.

On peut observer les résultats de ces expériences, dans les données numériques présentées dans les tableaux qui suivent:

Resultats des essais de culture des cotons américains Up=land réalisés au Poste Cotonnier de Catete pendant l'année agricole de 1911=1912

Numéro des platbandes	Étendue des cultures	Variétés cultivées	Dates des semailles	Époque de la cueillette	Durée de l'époque de la cueillette	Poids du coton non égrainé	Poids du coton égrainé	Age des plantes au terme de la récolte	OBSERVATIONS
	M²					Kil.	Kil.		
1	40.200	Florodora	Dec. 1908	10 Juin à 30 Novembre	Cent soissante treize jours	590	188	3 ans et 11 mois	Ces cotonniers ont reçu toute la pluie tombée en 1911 1912 dans la totalité de 910 millimètres.
2			Janv. 1909					3 ans et 10 mois	
3	19.000	Up-land long-staple	Fev. 1910			667	213	2 ans et 11 mois	Idem
4	16.000	Cook's big-boll	Nov. 1911			942	300	12 mois	Idem
5	50.500	Cook's big-boll	Janv. 1912			660	211	11 mois	Ces cotonniers ne reçurent que les pluies tombées les mois de Février, Mars et Avril de 1912. Totalité 620 millimètres.
6									

Resultats des experiences de la culture des cotons Americains Up-land realisés au Poste Cotonnier de Catete pendant l'année agricole de 1912=1913

Numero des plaebandes	Étendue des cultures	Variétés cultivées	Dates des semailles	Époques des récoltes	Durée de l'époque de la récolte	PRODUCTIONS OBTENUES PAR HECTARE		Age des plants au terme de la récolte	OBSERVATIONS
						Poids du coton non égrainé	Poids du coton égrainé		
	M²					Kilos	Kilos		
1 2 3	59.200	Florodora	15 Fev. 1912			250	80	10 mois et demi	La pauvreté des productions doit être imputée au manque de pluies.
4	16.100	Cook's big-boll	Nov. 1911			—	—	—	La totalité de la pluie a été àpeine de 407 milli-
5	10.000	Up-land long-staple	28 Fev. 1912			242	77	10 mois	mètres.
6	50.500	Cook's big-boll	Jan. 1912			65	20	24 mois	L'année précédente, les productions avaient été abondantes et la totalité
7	9.880	Russel's big-boll	16 Avril 1912			257	80	8 mois et demi	des pluies de 910 millimè-tres.
8	9.150	Russel's big-boll	20 Avril 1912	25 Juin à 30 de Décembre	Cent quatre vingt huit jours	123	38	8 mois et demi	
9	7.800	Cook's big-boll	18 Avril 1912			221	69	8 mois et demi	
10	7.800	Texas	25 Avril 1912			213	66	8 mois	
11	7.800	Florodora	30 Avril 1912			355	119	8 mois	
12	6.400	Texas	30 Avril 1912			215	67	8 mois	
13	34.500	Up-land long-staple	25 Fev. 1912			300	93	1 an et 10 mois	

Des données présentés dans ces tableaux et de ce que très sommairement je viens d'exposér, je crois que l'on peut conclure:

1.er Que les cotonniers américains du type *up-land* peuvent être cultivés à Angola, comme des plantes vivaces, et sont susceptibles de produire d'abondantes récoltes de 300 kilos de coton égrainé par hectare les années de pluies régulières, quoique cultivés sans irrigation et sans engrais.

2.ème Quelques variétes *d'up-land,* telles que la *Florodora* et *up-land long-staple,* sont très resistantes aux sécheresses, et peuvent à leur quatrième récolte avec une saison régulière de pluies produire plus de 180 kilos de coton égrainé par hectare.

3.ème La culture du coton sans arrosage est très contingente à Catete, et consequemment dans les autres régions d'Angola où le climat est le même et les pluies ne sont pas régulièrement distribuées à leur époque naturelle dans une totalité au dessus de 400 millimètres et approchant de 900 millimètres.

Les années ou les pluies sont rares, la production est insignifiante et parfois nulle.»

Étude d'un coton de Catete

Le coton de Catete que nous avons étudié provient de la culture indigène et de la cueillette de 1913. Nous ignorons son origine botanique; mais d'après le memoire de M. Martiniano Pereira qu'onv ient de lire, il y a lieu de croire qu'il ai été produit par différentes variétés de cotonniers. Neanmoins il est probable qu'il proviéne surtout du *G. peruvianum* ou du *G. barbadense.* (1)

Appréciation

L'échantillon étudié est constitué par du coton égrainé, d'aspect laineux, très sale (il contient beaucoup de débris de feuilles, de graines, etc., et de la terre).

---

(1) Pendant la guerre de la sécession on cultivá beaucoup le coton à Angola. On croit que les graines ont été importées du Pernambouc où, comme on le sait, on cultive surtout le *G. peruvianum* et le *G. barbadense.*

C'est très probable álors que ce soit des variétés de ces espèces que les indigènes cultivent surtout aujourd'hui à Angola.

La couleur générale est blanche et creme mais il présente beaucoup de mèches jaûnatres et même jaûnes. Il renferme aussi beaucoup de duvet.

Les fibres sont assez fines et soyeuses.

Longueur.— La longueur des fibres, comme l'indiquent le tableau n° 9 et le polygone de fréquence n° 16, varie entre 13 et 41 millimètres, avec une *moyenne* de 28,83 millimètres, et un *mode* de 30 millimètres.

Ainsi, le *type normal* est réprésenté par les fibres de 30 millimètres de longueur.

Les fréquences plus élevées correspondent aux longueurs comprises entre 24 et 35 millimètres (71 %) et surtout entre 27 et 34 millimètres (48 %); les 38 % des fibres ont des longueurs supérieures au *mode* (30 millimètres) et les 52 % des longueurs inférieures a celui-ci.

Le pourcentage des fibres ayant des longueurs variables entre 25 et 30 millimètres est de 38 %; les 24 % des fibres ont des longueurs inférieures à 25 millimètres et les 38 % des longueurs supérieures à 30 millimètres.

Le pourcentage maximum de fibres dont les longueurs varient tout au plus de 5 millimètres, est de 40 % (26 à 31 millimètres).

Donc, par rapport à la longueur des fibres ce coton peut être rangé parmi les cotons intermèdiaires entre les types *moyennes soies* et *longues soies.*

Quant au degré d'homogénéité, c'est un coton *peu homogène.*

Le peu d'homogénéité de ce coton doit surtout tenir à ce qu'il provient de cotonniers appartenant à des variétés diverses.

Résistance. — La résistance des fibres varie, comme le montrent le tableau n° 9 et le polygone de fréquence n° 17, entre 1,4 et 13 grammes; avec une moyenne de 4,886 grammes et un *mode* de 2,4 grammes.

De même on peut s'assurer que les fréquences les plus élevées correspondent au résistances comprises entre 2,4 et 2,5 grammes (12 %) et 3,4 et 5,4 (48 %); et que les 6 % des fibres ont des résistances inférieures au *mode* (2,4 grammes,) et les 86 % des résistances supérieures au *mode.* Celà semble prouver que la résistance tend plutôt à augmenter, qu'à diminuer.

Le pourcentage de fibres ayant des résistances non inférieures a 4 grammes est de 56 %; et des résistances non inférieures à 6 grammes est de 24 %.

Le pourcentage maximum de fibres dont les résistances varient tout au plus de 2 grammes est de 48 % (3,4 à 5,4 grammes).

Donc, par rapport à la résistance des fibres, c'est un coton de *moyenne résistance*. Quant au degré d'homogénéité de résistance il est *peu homogène*. Celà doit tenir a une cueillette du coton en différent degré de maturation, est a ce que ce coton provient de cotonniers de variétés diverses.

Caractèristiques de ce coton: — Coton d'aspect laineux; très sale; blanc et creme, beaucoup de mèches jaûnatres au jaûnes.

Fibres assez fines et soyeuses; il renferme beaucoup de duvets.

Type intermédiaire entre les *moyennes soies* et les *longues soies* et *peu homogéne* par rapport à la longueur; de *moyenne résistance* et *peu homogéne* au point de vue de la résistance.

*

Mrs. E. et J. Fossat apprecierent ce coton comme suit:

«Coton de nuance irrégulière, taché et jaûne; renferme de multiples impuretés et mal soigné.

Fibre de moyenne longueur, assez fine et résistante, mais irrégulière comme longueur.

Valeur nominale actuelle, frs. 70 à 75 les 50 kilos.»

Le cours du *Upland (Middling)* était álors de frs. 84.

Tableau n.° 9

Coton de Catete — Loanda — (égrainé)

VARIATIONS DE LA RÉSISTANCE DES FIBRES		VARIATIONS DE LA LONGUEUR DES FIBRES	
Résistance — grammes	Fréquence	Longueurs — grammes	Fréquence
1,4	2	13	1
2,0	2	14	2
2,3	2	19	2
2,4	8	20	4
2,5	4	21	1
2,7	2	22	3
3,0	2	23	4
3,1	2	24	7
3,3	2	25	4
3,4	6	26	6
3,5	2	27	8
3,7	6	28	6
3,8	2	29	4
3,9	2	30	10
4,0	6	31	6
4,2	2	32	4
4,3	4	33	2
4,4	2	34	8
4,7	2	35	6
4,9	4	36	1
5,3	6	37	3
5,4	4	38	4
5,8	2	39	3
6,1	2	41	1
6,4	2		
6,5	2		
6,6	2		
7,0	2		
7,3	2		
8,7	2		
9,2	2		
10	2		
10,4	2		
12	2		
13	2		

Pourcentage des différentes resistances (°/₀)

Pourcentage des différentes longueurs (°/₀)

Coton de Catete (Loanda)

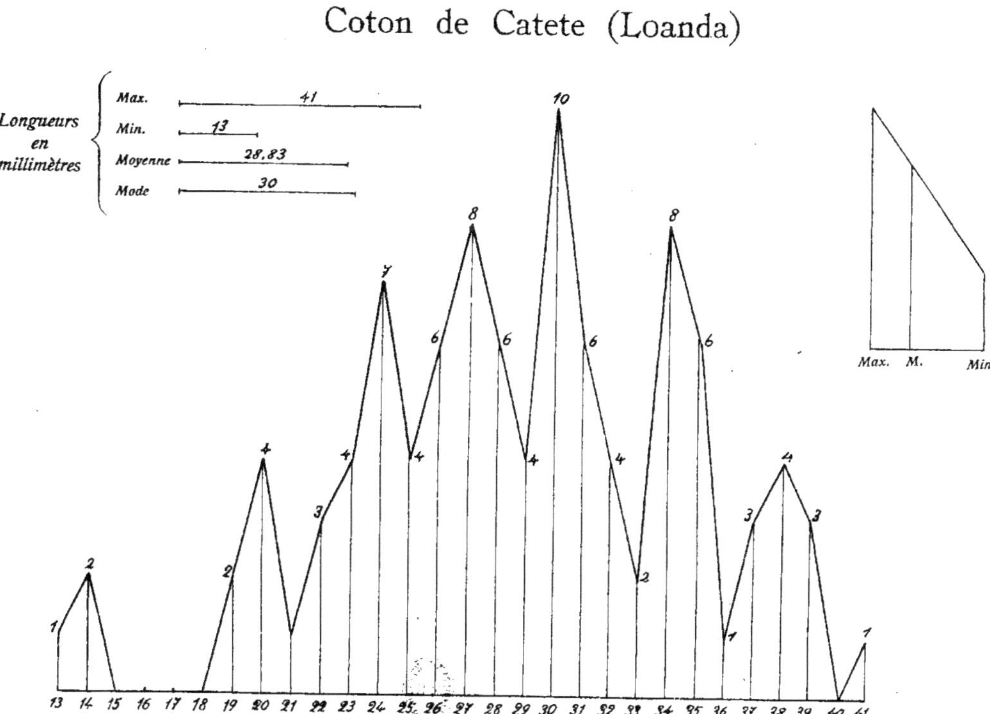

N.º 19 — Polygone de fréquence des longueurs des fibres.

Coton de Catete (Loanda)

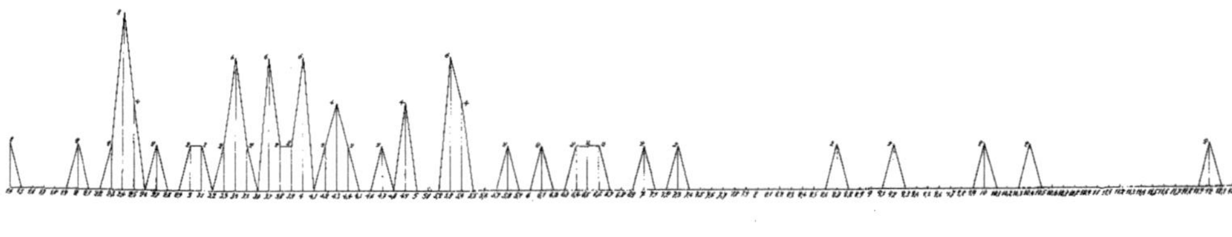

N.º 23   Polygone de fréquence des résistances des fibres.

Coton de la Plantation
de "Santa Thereza do Luacho„

Cette plantation est située dans la zône littorale du district de Benguella, dans la vallée fertile du fleuve Coporolo, à environ 70 kilomètres au sud de la ville de Benguella.

La plupart des terrains sont formés par des alluvions modernes et les autres sont dus à la désagrégation de calcaires argileux, de grès argileux, de grès argileux et silicieux *in loco*.

Le plus souvent les terres sont calcaro-argilo-silicieuses, et surtout calcaro-argilo-humifères, elles sont assez humides et leur fertilité est remarquable.

La plus part des terres de cette plantations sont toutes les années innondées par les eaux du Coporolo, et c'est, certainement, à ces innondations periodiques qu'elles doivent leur grande fertilité.

Dans cette région, comme d'ailleurs dans toute la zône littorale d'Angola, il pleut très rarément, et quand il pleut c'est seulement aux mois d'octobre à avril.

Le voisinage de la mer fait que la temperature ne s'élève jamais de beaucoup, et se mantient assez égale pendant toute l'année. Les températures les plus élevées correspondent aux mois de janvier à mars, et les plus basses aux mois de mai à septembre.

Depuis bon nombre d'années qu'on cultive le coton dans cette plantation. Les variétés cultivées appartiènnent aux espèces: *Gossypium barbadense*, L; *G. herbaceum*, et *G. peruvianum*, Cav. Mais c'est cette dernière espèce que l'on cultive le plus aujourd'hui, paraît il.

La fructification est continue, et, ainsi, la récolte se fait pendant toute l'année. Il va sans dire, que c'est une erreur cultiver autant de variétés dans la même plantation. Le coton provenant d'une telle culture est tout naturellement peu homogéne, et celà est comprouvé par l'étude que nous avons faite d'un échantillon de coton *(non égrainé)* provenant de cette plantation.

Nous donnons à la suite le résultat de cette étude.

Étude d'un coton de la "Plantation de S.ta Thereza do Luacho„

Le coton de cette plantation que nous avons étudié provient de la cueillette de 1913 et très probablèment surtout du *G. Peruvianum.*

En effet les graines de chaque loge (7-10) se trouve adhérentes entre elles en amas compacts et ne sont pas convertes de duvet.

Appréciation

L'échantillon étudié est constitué par du coton non égrainé, presque propre; les fibres se trouvent plus au moins feurés; elles sont peu soyeuses et blanches, mais quelques flocons présentent des taches jaûnes.

Le pourcentage de coton égrainé par rapport au coton non égrainé est de 42,8 %. Les graines sont donc très riche en coton.

Ce coton se ressemble au type: *perú mou.*

Variations de la longueur des fibres et distribution
des différentes longueurs dans les graines (Tableau n⁰ 10)

Fibres du sommet.— La longueur des fibres du sommet des graines
varie de 15 à 39 millimètres, avec une *moyenne* de 25 millimètres. On y
trouve six *modes:* 16, 20, 25, 27, 30 et 33 millimètres.

Les fréquences les plus élevées correspondent aux longueur comprises entre 23 et 30 millimètres (74 %).

Les 60 % des fibres ont des longueurs supérieures au *mode* au quel
correspond la fréquence la plus elevée (25 millimètres); les 25 % ont des
longueurs inférieures à ce *mode.*

Le pourcentage de fibres ayant des longueurs comprises entre 25 et
30 millimètres et de 60 %; 25 % des fibres ont des longueurs inférieures à 25 millimètres, et 14 % ont des longueurs supérieures à 30
millimètres.

Le pourcentage maximum de fibres dont les longueurs varient tout au
plus de 5 millimètres, est de 61 % (23 à 28 millimètres).

Donc, par rapport à lá longueur les fibres du sommet des graines, c'est
un coton «*moyennes soies*» et «*assez homogène*».

Fibres des côtés.— La longueur des fibres des côtés des graines varie
de 11 à 39 millimètres, avec une moyenne de 26 millimètres.

On y trouve sept *modes* 18, 22, 25, 27, 30, 32 et 37 millimètres.

Les fréquences plus elevées correspondent aux longueurs comprises
entre 22 et 30 millimètres (85 %);

Les 46 % des fibres ont des longueurs supérieures au *mode* auquel
correspond la fréquence la plus elevée (25 millimètres), et les 42 % des
fibres ont des longueurs inférieures à ce *mode.*

Le pourcentage de fibres dont les longueurs varient entre 25 et
30 millimètres est de 52 %; 42 % des fibres ont des longueurs inférieures à 25 millimètres et 6 % ont des longueurs supérieures à 30
millimètres.

Le pourcentage maximum de fibres dont les longueurs varient tout au
plus de 5 millimètres est de 59 % (22 à 27 millimètres.)

Donc, par rapport à la longueur des fibres des côtés des graines c'est
un coton *moyennes soies,* s'approchant beaucoup des *courtes soies,* et *assez homogéne.*

Fibres de la base. — La longueur des fibres de la base des graines varie entre 11 et 31 millimètres, avec une *moyenne* de 19 millimètres.

On y trouve trois *modes :* 15, 20 et 26 millimètres.

Les fréquences les plus élevées correspondend aux longueurs comprises entre 17 et 22 millimètres (67 %); en outre, c'est aussi entre ces limites que l'on trouve le pourcentage maximum de fibres dont les longueurs varient tout au plus de 5 millimètres.

Les 40 % des fibres ont des longueurs supérieures au *mode* auquel correspond la fréquence la plus élevée (20 millimètres), et les 44 % des longueurs inférieurs à ce *mode.*

Le pourcentage de fibres dont les longueurs varient entre 11 e 25 millimètres est de 96 %.

Donc, par rapport à la longueur des fibres de la base des graines, c'est un coton *«courtes soies»* bien carácterisé et *assez homogéne.*

Comme on le voit les fibres plus longues se trouvent surtout au sommet et les plus courtes à la base des graines.

*

Voyons maintenant ce qui se passe par rapport à la variation de la longueur de toutes les fibres des graines.

La longueur de toutes les fibres des graines (comme on le voit au tableau n.º 10 et au polygone de fréquence n.º 18) varie entre 11 et 39 millimètres, avec une moyenne de 22,923.

Le polygone de frȩquence présente *neuf modes :* 15, 18, 20, 22, 25, 27, 30, 32 et 37 millimètres; cela prouve que les cotonniers qui ont produit ce coton n'appartenaient, pas à une *variété pure*, mais bien à neuf variétés melangées, dont le *type normal* des fibres de chaque variété, en ce qui concerne la longueur, est représenté par les modes indiqués ci-dessus.

En effet, comme nous l'avons dit plus haut on cultive à la plantation «S.ᵗᵃ Theresa do Luacho» plusieures espèces de cotonniers.

On voit aussi que les frèquences plus élevées correspondent aux longueurs comprises entre 22 et 28 millimètres (58 %).

Les 44 % des fibres ont des lougueurs supérieures au *mode* auquel correspond la fréquence la plus élevée (25 millimètres), et les 45 % ont des longueurs inférieures à cé *mode.*

Donc, au contraire de ce qui se passe par rapport à la variation de la

COTON DE LA PLANTATION DE SANTA THEREZA DO LUACHO

Fig. 12 — (G. Peruvianum ?)

longueur des fibres du sommet et des côtés des graines, dans leur ensemble, les fibres semblent avoir plus de tendance à varier en *moins* qu'en *plus*.

On remarquera aussi que la tendance à la variation *en plus* est surtout prononcée en ce qui concerne les fibres du sommet; elle devient plus faible par rapport aux fibres des côtés et, enfin, change de sens et devient en *moins* en ce qui concerne les fibres de la base. Les fibres de la base sont même beaucoup plus courtes.

Si l'on avait à faire à une variété pure on deverait conclure que les cotonniers étaient mal aclimatés, mais comme ce n'est pas le cas on ne peut pas conclure quelque chose de sûr à ce sujet.

Le pourcentage de fibres ayant des longueurs comprises entre 11 et 25 millimètres est 56 % (l'échantillon ne présente pas des fibres dont la longueur soit inférieur à 11 millimètres); et entre 25 et 30 millimètres est de 47 %.

Le pourcentage maximum de fibres ayant des longueurs variant tout au plus de 5 millimètres est de 51 % (23 à 28 millimètres).

Donc, par rapport à la longueur des fibres c'est un coton *courtes soies* s'approchant cependant assez des *moyennes soies*.

Quant au degré d'homogénéité de longueur il est *assez homogène*, s'approchant cependant beaucoup du type *peu homogène*. Le peu d'homogénéité de ce coton doit tenir surtout à ce qu'il provient de variétés diverses.

Tableau n.º 10

Coton de la plantation de "Santa Thereza do Luacho„ Benguella — (non égrainé)

VARIATIONS DE LA LONGUEUR DES FIBRES

Longueur en millimètres	Dans le Sommet (400 fibres)	Dans les Cotés (400 fibres)	Dans la Base (200 fibres)	Pourcentage des différentes longueurs dans la graine °⁰/oo
11	0	1	1	2
12	0	0	2	2
13	0	0	2	2
14	0	0	3	3
15	1	1	11	13
16	4	0	6	10
17	3	6	19	28
18	2	8	21	31
19	3	5	22	30
20	12	13	33	58
21	8	22	21	51
22	15	40	19	74
23	24	24	11	59
24	29	47	10	86
25	60	51	5	116
26	37	34	7	78
27	51	41	2	94
28	43	32	1	76
29	23	22	1	46
30	28	28	1	57
31	9	3	1	13
32	12	10	1	23
33	14	0	0	14
34	12	2	0	14
35	8	1	0	9
36	0	3	0	3
37	0	4	0	4
38	1	1	0	2
39	1	1	0	2
Max.	39	39	32	39
Min.	15	11	11	11
Moyenne	25,24	24,77	18,76	22,9

Coton de la plantation
de
«Sta Thereza do Luacho» (Benguella)

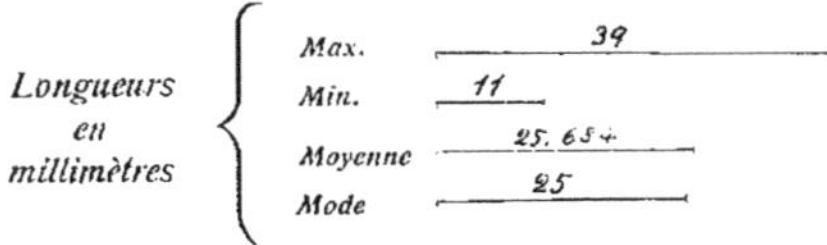

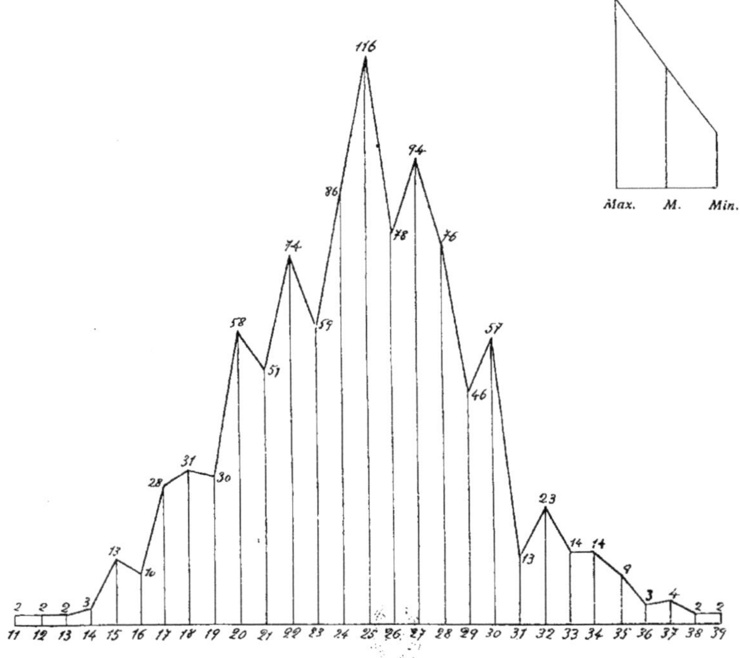

N.º 16 — Polygone de fréquence des longueurs des fibres.

Variation du diamètre des fibres et distribution des différents diamètres dans les graines (Tableau n° 11)

On a mesuré le diamètre des fibres de 5 graines de loges différentes. Dans chaque graine on a mesuré le diamètre de 5 fibres (2 du sommet; 1 de chaque côté et 1 de la base). Donc, on a fait la mensuration du diamètre de 25 fibres.

Presque toutes les fibres examinées etaient régulières, coniques (seulement trois étaient tronco-coniques) et vrillées. Des fibres coniques on a mesuré le diamétre à la base, et des fibres tronco-coniques à $^1/_3$ de la base.

Fibres du sommet. — Le diamètre des fibres du sommet des graines varie entre 22,2 et 33,3 μ.; avec une *moyenne* de 24,42 μ.; on y trouve deux *modes* 22,2 et 33,3 μ.

Le pourcentage maximum de fibres dont les diamètres varient tout au plus de 3 μ. est de 80 %.

Par rapport aux diamètre des fibres du sommet c'est donc un coton de *soies moyennes* et *très homogène.*

Fibres des côtés. — Le diamètre des fibres des côtés des graines varie entre 22,2 et 55,5 μ.; avec une *moyenne* de 31 μ.; on y trouve quatre *modes* 22,2; 33,3; 44,4 et 55,5 μ.

Le pourcentage maximum de fibres dont les diamètres varient tout au plus de 3 μ. est de 50 %.

Par rapport aux diamètre des fibres des côtés c'est donc un coton intermédiaire entre les *soies moyennes* et les *soies grosses*, et *peu homogène.*

Fibres de la base. — Le diamètre des fibres de la base des graines varie entre 11,1 μ. et 22,2 μ., avec une moyenne de 15,54 μ.; on y trouve deux *modes* 11,1 et 22,2 μ.

Le pourcentage maximum de fibres dont les diamètres varient tout au plus de 3 μ. est de 60 %.

Par rapport au diamètre des fibres de la base c'est donc un coton de *soies fines* et *assez homogéne.*

Comme on le voit c'est à la base que se trouvent les fibres les plus fines et dans les côtés les fibres les plus grosses. Le degré d'homogénéité de diamètre le plus elevé correspond au fibres du sommet et le moins elevé aux fibres des côtés.

*

Voyons maintenant ce qui se passe par rapport à toutes les fibres des graines. Le diamètre de toutes les fibres des graines varie (comme l'indiquent le tableau nº 11 et le polygone de fréquence nº 19) entre 11,1 et 55,5 μ. Avec une moyenne de 25,3 μ.

Le polygone de fréquence présente cinq *modes*: 11,1; 22,2; 33,3; 44,4 et 55,5.

Celà prouve que les cotonnier qui ont produit ce coton n'appartenaient pas à une variété pure mais à plusieures variétés melangées dont le type normal des fibres de chaqu'une, en ce qui concerne leur diamètre, est representé par les *modes* ci-dessus indiqués.

Mais, comme nous l'avons fait remarquer plus haut le polygone de fréquence des longueurs des fibres de ce coton présente *neuf modes*.

On doit concluire que quelques unes des variétés ont, par rapport au diamètre des fibres, des *modes* dont les différences son très petites.

On voit aussi que les fréquences les plus élevées correspondent aux diamètre de 22,2 et 33, 3 μ. (80 %); et que les 8 % des fibres ont des diamètres supérieurs au *mode* qui correspond à la fréquence lá plus élevée, et les 12 % μ. diamètres inférieure à ce *mode*.

Le pourcentage maximum de fibre dont les diamètres varient tout au plus de 3 μ. est de 60 %.

Donc, la variation du diamètre des fibres considerées dans leur ensembles parait avoir de la tendence a se manifesté *en moins* et *en plus*, cependant surtout en plus. Mais comme il sagit d'un mélange de variétés, leurs polygones de fréquence sont plus au moin superposés, et ainsi on ne peut pas évidement conclure quelque chose de sûr à ce sujet.

Par rapport au diamètre des fibres, c'est donc un coton *soies moyennes* et *assez homogéne*.

Tableau n.º II

Coton de la plantation de "Sta. Thereza do Luacho„ Benguella — (non égrainé)

VARIATIONS DU DIAMÈTRE DES FIBRES

POURCENTAGE DES DIFFÉRENTS DIAMETRES (%)

Diamètres	Sommet	Cotés	Base	Dans la grène
11,1	0	0	60	12
22,2	80	50	40	60
33,3	20	30	0	20
44,4	0	10	0	4
55,5	0	10	0	4
Max.	33,3	55,5	22,2	55,5
Min	22,2	22,2	11,1	11,1
Moyenne	24,42	31,8	15,54	25,3

Coton de la plantation de «S.ta Thereza do Luacho» (Benguella)

Diamètres {
Max. 55,5
Min. 11,1
Moyenne 25,3
Mode 22,2

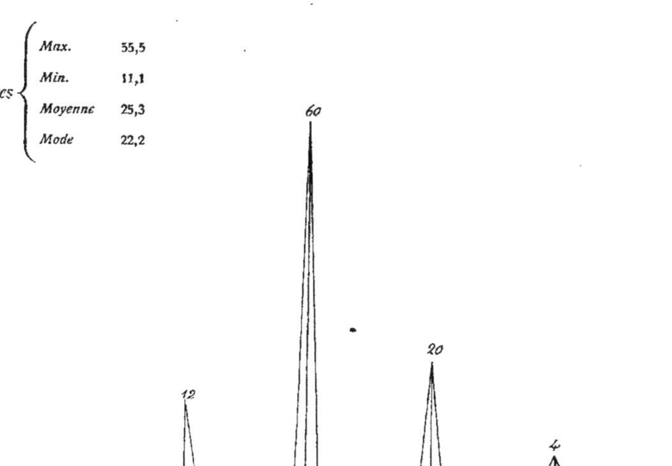

N.º 17 — Polygone de fréquence des diamètres des fibres.

Variations de la résistance des fibres et distribution des différentes résistances dans les graines (Tableau no 12)

Fibres du sommet.— Les résistances des fibres du sommet des graines, varient de 3,5 à 9,7 grammes avec une moyenne de 6,34 grammes. On y trouve trois *modes :* 3,5, 6,5 et 6,8 grammes.

Les fréquences les plus élevées correspondent seulement au *modes* et sont répresentés par le nombre 4.

Le pourcentage de fibres dont les résistances ne sont pas inférieures à 4 grammes est de 85 %; celui des fibres dont la résistance n'est pas inférieure à 6 gramms est de 60 %, et celui des fibres dont la résistance n'est pas inférieure à 8 grammes est de 15 %.

Le pourcentage maximum de fibres dont les résistances varient tout au plus de 2 grammes, est de 55 % (6,5 à 8,5 grammes).

Donc, par rapport à la résistance des fibres du sommet des graines, c'est un coton *résistant* et *assez homogène.*

Fibres des côtés. — La résistance des fibres des côtés, varie entre 3,7 et 11,7 grammes, avec une moyenne de 6,32 grammes.

Ont y trouve trois *modes :* 3,7; 5 et 6,7 grammes.

Les fréquences les plus élevées correspondent au résistances comprises entre 3,7 et 5,2 grammes (55 %).

Le pourcentage de fibres dont les résistances ne sont pas inférieures à 4 grammes est de 80 %; et celui des fibres dont les résistances ne sont pas inférieures à 6 grammes est de 35 %.

Le pourcentage maximum de fibres dont les résistances varient tout au plus de 2 grammes est de 60 %.

Donc, par rapport à la résistance des fibres des côtés, c'est un coton de *moyenne résistance* et *assez homogène.*

Fibres de la base.— La résistance des fibres de la base, varie entre 6,5 et 10,6 grammes, avec une *moyenne* de 9,22; le *mode* est 10 grammes.

Excèpté le *mode,* dont la fréquence est 4, la fréquence des autres classes est representée par 0 ou 2. La plupart des fibres ont des résistances comprises entre 9,8 et 10,6 grammes (60 %).

Le pourcentage de fibres dont les résistances ne sont pas inférieures à 8 grammes est de 80 %.

Le pourcentage maximum de fibres dont les résistances varient tout au plus de 3 grammes est de 70 %.

Donc, par rapport a la résistance des fibres de la base, c'est un coton *très résistant* bien caracterisée et *assez homogène,* s'approchant beaucoup du type *très homogène.*

Comme on le voit aussi, c'est à la base qu'on trouve le plus grand nombre de fibres avec des résistances élevées; et au côtés qu'on trouve le plus grand nombre de fibres avec les résistances moins élevées.

Le degré plus élevé d'homogénéité de résistance correspond aux fibres de la base et le moins elevé au fibres du sommet.

*

Voyons maintenant ce qui se passe par rapport à la variation de la résistance de toutes les fibres des graines.

La résistance de toutes les fibres des graines, comme le montrent le tableau nº 12 et le polygone de fréquence nº 20, varie entre 3,5 et 11,7 grammes, avec une moyenne de 7,29 grammes.

Le polygone de fréquence présente 7 *modes;* 3,7; 5; 5,2; 6,5, 7,2; 8,5 et 10 grammes.

Comme il est très probable que ce coton ai été cueilli en différents degrés de maturation, les variations de la résistance des fibres sont aussi dues à cette cause; et ainsi, on ne peut pas deduir, de l'examen du polygone de fréquence, des conclusions sûres au sujet du nombre de variétés qui ont produit ce coton.

Mais comme nous l'avons vu à propos de la variation de la longueur des fibres de ce coton (caractère qui fourni à ce sujet, des données bien plus sûres), il semble avoir été produit par neuf variétés differentes de cotonniers.

Les fréquences les plus élevées correspondent, comme on le voit aussi, aux résistances comprises entre 3,5 et 5,2 grammes (32 (%) et entre 6,5 et 6,8 grammes (14 %).

Le pourcentage de fibres ayant des résistances non inférieures à 4 grammes est de 88 %; et des résistances non inférieures à 6 graines est de 58 %.

Le pourcentage maximum de fibres dont les résistances varient tout au plus de 2 grammes est de 38 % (3,5 à 5,5 grammes).

Donc, par rapport à la résistance, c'est un coton *résistant.*

Quant au degré d'homogénéité de résistance c'est un coton *peu homogène.*

Cela doit tenir surtout à que ce coton provient de plusieurs variétés de cotonniers.

*

De l'examen des variations de la longueur, du diamètre et de la résistances des fibres des différentes parties de la graine, ont doit conclure que:

I. C'est au sommet que l'on trouve le plus de fibres longues. La plupart des fibres du sommet ont un diamètre e une résistance moyenne.

II. C'est aux côtés que l'on trouve les fibres les plus grosses et le plus grand nombre de fibres grosses; on y trouve moins de fibre longues que dans le sommet et un plus grand nombre de fibres avec des résistances peu élevées que dans le sommet et la base; mais c'est cependant parmi les fibres des côtés que l'on trouve les plus résistantes.

III. Les fibres de la base sont les plus courtes et les plus fines, et on y trouve un plus grand nombre de fibres à résistances élevées, que dans les côtés et au sommet.

*

Le quocient de la division de la longueur moyenne par le diamètre moyen des fibres est: $\dfrac{22,9}{25,3} = 0,905$. Ce quocient est très bas.

Celà indique que les numéros de filature possible avec ce coton sont très bas.

A ce point de vue il se ressemble aux cotons de l'Inde Anglaise.

*

Caractèristique de ce coton.— Coton non égrainé, presque propre; fibres plus ou moins feutrés; blanches, quelques flocons tachés de jaune; peu soyeuses.

Graines très riches en coton (42,8 %).

Coton *courtes soies,* s'approchant cependant assez des *moyennes soies* et *assez homogène,* s'approchant cependant du type *peu homogène.*

Ce coton se ressemble au type: *perú mou.*

Tableau n.º 12

Coton de la plantation de "S. Thereza do Luacho„ -- Benguella (non égrainé)

VARIATIONS DE LA RÉSISTANCE DES FIBRES

Resistance en grammes	Dans le Sommet (40 fibres)	Dans les Cotés (40 fibres)	Dans la Base (20 fibres)	Pourcentage des différentes résistances dans la graine (⁰⁄₀)
3,5	4	0	0	4
3,7	2	4	0	6
3,8	0	2	0	2
4,0	2	2	0	4
5,0	0	6	0	6
5,1	0	4	0	4
5,2	2	4	0	6
5,3	0	2	0	2
5,4	2	0	0	2
5,5	2	0	0	2
5,8	2	0	0	2
5,9	0	2	0	2
6,5	4	0	2	6
6,7	0	4	0	4
6,8	4	0	0	4
6,9	2	0	0	2
7,7	2	0	0	2
7,2	2	0	2	4
7,5	2	0	0	2
7,8	2	0	0	2
8,2	0	2	0	2
8,3	2	0	0	2
8,5	2	0	2	4
8,6	0	2	0	2
9,0	0	0	2	2
9,7	2	0	0	2
9,8	0	0	2	2
10,0	0	0	4	4
10,1	0	0	2	2
10,5	0	0	2	2
10,6	0	0	2	2
10,9	0	2	0	2
11,6	0	2	0	2
11,7	0	2	0	2
Max	9,7	11,7	10,6	11,7
Min	3,5	3,7	6,5	3,5
Moyenne	6,34	6,32	9,22	7,29

Coton de la plantation de «S.ta Thereza do Luacho» (Benguella)

Résistances en grammes

Max.	11,7
Min.	3,5
Moyenne	6,478
Mode	6

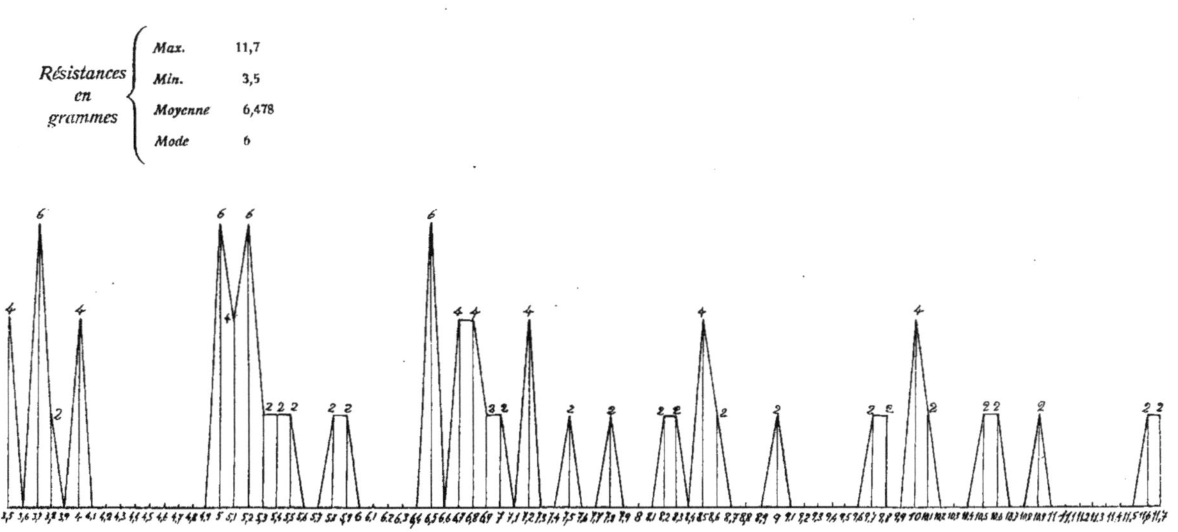

N.º 20 — Polygone de fréquence des résistances des fibres.

Cotons de la Région du Cubal

Quelques agriculteurs de cette région ont dernièrement commencé a y cultiver le coton, et à ce qu'il parait le résultat en a été favorable. Parmi les cultivateurs de coton de cette région j'en détache un des plus enthousiaste, le docteur L. Bravo, médecin militaire, qui a écrit un rapport très intéréssant sur la culture du coton à Angola. (1)

Les renseignements fournis par le Dr. Bravo, au sujet de la valeur agricole de la région du Cubal, et des essais, qu'il y a fait sur la culture du coton, sont si apréciables, que avant de présenter les resultats de nos études à propos d'un échantillon de coton de la plantation du Dr. Bravo, nous reproduisons, en résumé, la partie de son travail, qui se rapporte à la région du Cubal.

Description de la région du Cubal

Cette vaste région située à l'intérieur du district de Benguella, dans la zone montagneuse est traversée par la rivière Cubal, qui lui donne le nom. Elle est légèrement ondulée, cependant on y trouve de larges plaines doucement penchées vers la rivière, et qui se détachent dans le fond de hautes montagnes, qui du nord, du sud, et de l'est l'entourent. On n'y trouve pas des terrains marécageux.

L'altitude moyenne de ses terrains cultivables est de 900 mètres.

Traversée par le chemin de fer de Lobito-Catanga, elle est éloignée de 190 kilomètres du port du Lobito.

---

(1) Dr. L. Bravo — A cultura do algodão em Angola — 1913 (Rapport inédit).

Cette région est en partie couverte de forêts peu touffues composées de différentes essences florestales, et en partie d'une végétation herbacée luxuriante, principalement constitué par des graminées.

Son sol est silico-argilo-humifère et très fertile

L'année y est partagée en deux saisons distinctes. La saison des pluies très chaude et humide qui commence au mois de novembre et finit en avril; et la saison sêche pendant l'aquelle il ne pleut jamais, qui comprend les autres mois.

La pluie commence généralement vers une heure de l'après midi et dure parfois jusqu'à une heure avancée de la nuit et presque toujours accompagnée d'orages. Mais le matin le soleil se fait voir, et la température est plus élevée.

Pendant la saison sèche une abondante rosée tombe la nuit et un épais brouillard enveloppe la région le matin; cependant vers 9 heures le voile se dechire le soleil dans tout son éclat brille toute la journée, et la température est assez élevée.

Dans cette saison, quelques matinées de la fin de juin et du commencement de juillet sont un peu froides, ce que retarde la végétation sans toutefois faire du tort aux cotonniers, la température ne baissant que rarement au-de là de 7°. C'est pendant la saison sèche, que les cotonniers fleurissent, et que l'aspect des plantations est magnifique à voir.

Grâce à la ceinture de montagnes, qui entourent cette région, et l'abritent, les vents violents ne s'y font pas sentir, et il semble aussi d'aprés les racontars de vieux colons, que la grêle n'y est jamais tombée.

Essais de culture du coton faits par le docteur Bravo

Au sujet de ses essais sur la culture du coton le docteur Bravo dit: «Mes essais peuvent être résumés comme suit:

«J'ai semé en décembre de 1909, un hectare de terrain le plus fertile. La varieté que j'ai semé a été le *Upland* dont j'avais fait venir les graines de Catete (à l'intérieur de Loanda) c'est à dire du Upland américan aclimé à Angola. J'ai procédé à la semaille en lignes distantes de 1m,20 les unes des autres, en jetant les graines dans des trous ouverts à 0m,60 les uns des autres.

«Chaque trou a reçu 4 ou 5 graines et 20 jours après, je fis faire une sorclure qui ne laissa que les plantes plus développées.

«Les cotonniers se développèrent si bien, pendant la saison des pluies que quelques uns atteignirent la taille d'un homme.

Le nettoyage des herbes, qui croissent rapidement pendant la saison des pluies, est le travail cultural le plus important.

«Par l'indication de l'Inspection d'Agriculture d'Angola et comme mesure préventive j'ai saupoudré les cotonniers d'un mélange d'une partie de vert de Paris et six parties de chaux, quoique, n'ayant jamais observé l'attaque de quelques insectes dans la plantation, j'eus trouvé le traitement dispensable.

«Les premières capsules ouvrirent en avril et les mois suivants je fis la récolte du coton.

La production totale a été de 1835 kiiog. de coton non égrainé, qui ont produit 602 kilog. de coton égrainé, (soit 32,8 $^0/_0$).

L'égrainage a été fait au moyen de *saw gin*. La culture a été faite sans engrais et sans irrigation. Mais le terrain avait été très bien preparé. J'ai aussi essaié la culture des variétés Egyptiennes Mit Afifi, et Abassi qui se sont très bien développées.»

Le Dr. Bravo à l'instar de ce qui est arrivé à d'autres agriculteurs d'Angola, séduits comme lui par les revenus fabuleux du cotonnier *Caravonica*, annoncés dans de merveilleux prospectus, essaya aussi la culture de ce cotonnier renommé.

Voici ce qu'il dit à propos de ces essais:

J'ai sollicité e j'ai obtenu du gouvernement, une concession de 1000 hectares de terrain, sur la rive gauche du Cabal, dans la proximité de la voie ferrée de Lobito. Malgré l'heureux resultat obtenu avec la culture du Upland, j'ai été séduit par les pompeuses réclames faites au *Caravonica* et j'ai semé 200 hectares de ce cotonnier en novembre de 1910. Le résultat a été facheux, un insuccès absolu. La récolte de 1911 n'a presque rien produit!!

«En 1911, désabusé avec le *Caravonica* j'ai repris la culture du Upland en faisant semer 10 hectares. La récolte commencée en mai et juin a durée jusqu'à septembre et produit 3.400 kilos de coton non égrainé, production très inférieure à celle obtenu dans l'expérience de 1909.

«Je n'en ai pas été surpris parce que la terre n'avait pas été suffisamment drainée. J'ai laissè les cotonnierres en terre pendant l'année de 1913 et ils ont produit abondamment.»

«J'ai conclu après ces expériences que le cotonnier le plus adaptable à la région du Cubal, et d'autres congénères, est le Upland, qui peut être cultivé sans irrigation en vue de l'humidité considèrable pendant la saison des pluies, et qui oblige à drainer les terrains pour obtenir de bons résultats.»

«A Angola on laissent habituellement les cotonniers en terre pendant quelques années. Mais à mon avis, il vaut mieux détruire les plantations par le feu après la récolte, et faire de nouvelles semailles tous les ans, dans le but d'éviter les attaques possibles de maladie.

«Le cotonnier Upland a sans aucun doute un grand avenir dans le Cubal, avenir justifié non seulement par les expériences faites, mais aussi parce que la main d'œuvre est abondante et à bon marché dans cette région, et les communications faciles et rapides.

Étude d'un coton de la plantation de M. Dr. Bravo

Le coton de la plantation de M. le Dr. Bravo que nous avons étudié, à été produit par des cotonniers *Upland,* et provient de la cueillette de 1913.

Il a été égrainé par *saw gin.*

Appréciation

L'échantillon de ce coton que nous avons étudié, est constitue par du coton égrainé; presque propre (il contient à peine quelques petites graines avortées); la couleur est blanche legèrement creme pâle, mais on y trouve quelques mèches jaûnes.

Les fibres sont fines et soyeuses mais renferment beaucoup de duvets et des fibres ramassées en boules, c'est-à-dire, des *étoiles* (comme disent les commerçants et les industriels).

Ce coton paraît ne pas avoir été cueilli completement muri.

Longueur.— La longueur des fibres, comme l'indiquent le tableau nº 13 et le polygone de fréquence nº 21, varie entre 17 e 36 millimètres, avec une *moyenne* de 25,35 millimètres et un *mode* de 24 millimètres.

Ainsi, le *type normal* est représenté par les fibres de 24 millimètres de longueur. En outre, les fréquences plus elevées correspondent aux longueurs comprises entre 22 et 27 millimètres (59 %); les 61 % des fibres ont des longueurs supérieures au *mode* (24 millimètres), et les 27 % des fibres des longueurs inférieurs au *mode.*

Le pourcentage des fibres ayant des longueurs variables entre 25 et 30 millimètres est de 41 %; les 39 % des fibres ont des longueurs inférieures à 25 millimètres, et les 20 % ont des longueurs supérieures à 30 millimètres.

Le pourcentage maximum de fibres dont les longueurs varient tout au plus de 5 millimètres est de 59 % (22 à 27 millimètres).

Donc, par rapport à la longueur des fibres, ce coton peut être rangé entre les types *courtes soies,* et *moyennes soies.*

Quant au degré d'homogénèité, c'est un coton *assez homogene.*

Résistance.— La résistance des fibres varie, comme le montrent le tableau n° 13 et le polygone de fréquence n° 22, entre 1,2 et 6,5 grammes, avec une *moyènne* de 2,57, et un *mode* de 2 grammes.

Le *type normal* est, donc, représenté par les fibres ayant 2 grammes de résistance.

De même on peut s'assurer que les fréquences les plus élevées correspondent aux résistances comprises entre 1,2 et 2 grammes (52 %) et entre 2,9 et 3,4 (20 %); et que les 38 % des fibres ont des résistances inférieures au *mode* (2 grammes) et les 48 % des résistances supérieures au *mode.*

Donc, la résistance des fibres semble tendre plutôt à augmenter qu'à diminuer.

Mais comme ce coton n'a pas été récolté completement muri, on ne peu pas conclure quelque chose de sûr à ce sujet, de l'examen du polygone de fréquence des résistances des fibres de ce coton.

Le pourcentage de fibres ayant des résistances non inférieures à 2 grammes, est de 62 %; est des résistances non inférieures à 4 grammes est de 14 %.

Le pourcentage maximum de fibres dont les résistances varient tout au plus de 2 grammes est de 74 %.

Donc, par rapport à la résistance des fibres, c'est un coton *peu résistant.* Quant au degré d'homogénéité de résistance, c'est un coton *très homogéne.*

La faible résistance de ce coton, doit tenir certainement à une cueillelte du coton pas completement muri; et sont haut degré d'homogénéité prouve que la plus part du coton n'était pas bien muri.

Caractèristique de ce coton.— Coton presque propre, contient quelques graines avortées; blanc legèrement crème pâle (quelques mèches jaunes); fibres fines et soyeuses, mais contient beaucoup de *duvets* et *étoiles.*

Type intérmédiaire entre les *courtes soies* et les *moyennes soies* et *assez homogène* par rapport à la longueur; *peu résistant* et *très homogène* par rapport à la résistance. Paraît n'avoir pas été cueilli completement muri.

*

M. M. E. et J. Fossat apprécierent ce coton comme suit:

«Nuance irrégulière et ligèrement beurrée. Coton quelque peu taché; fibre assez courte, mais fine, peu résistant. Paraît ne pas avoir été cueilli à complète maturité. La fibre renferme beaucoup de duvets et étoiles.

Valeur nominale actuelle 5 francs de moins que le tèrme Havre.»

Le cours du *Upland (Middling)* était àlors de frcs. 84 les 50 kilos.

Donc, la valeur de ce coton était de 79 frcs. les 50 kilos.

Tableau n.º 13

Coton Upland de la plantation de Mr. le Dr. Bravo
Cubal — Benguella (égrainé)

	VARIATIONS DE LA RÉSISTANCE DES FIBRES			VARIATIONS DE LA LONGUEUR DES FIBRES	
	Résistance — grammes	Fréquence		Longueur — millimètres	Fréquence
Pourcentage des différentes résistances (%)	1,2	8	Pourcentage des différentes longueurs (%)	17	1
	1,3	6		19	2
	1,4	4		20	2
	1,5	8		21	3
	1,7	4		22	9
	1,8	2		23	10
	1,9	6		24	12
	2,0	14		25	11
	2,4	4		26	9
	2,5	2		27	8
	2,8	4		28	5
	2,9	6		29	5
	3,0	2		30	3
	3,2	4		31	4
	3,3	2		32	8
	3,4	6		34	3
	3,5	2		35	3
	3,7	2		36	2
	4,3	2			
	4,4	2			
	4,6	6			
	5,4	2			
	6,5	2			

Coton Upland de la Plantation
de
Mr. le Dr. Bravo, Cubal (Benguella)

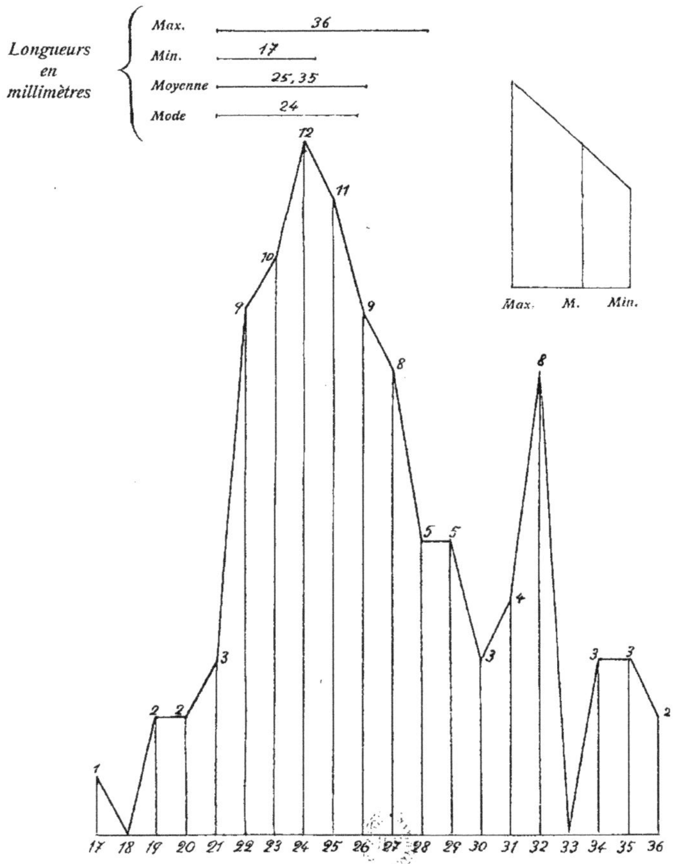

N.º 21 — Polygone de fréquence des longueurs des fibres.

Coton Upland de la Plantation de Mr. le Dr. Bravo
Cubal (Benguella)

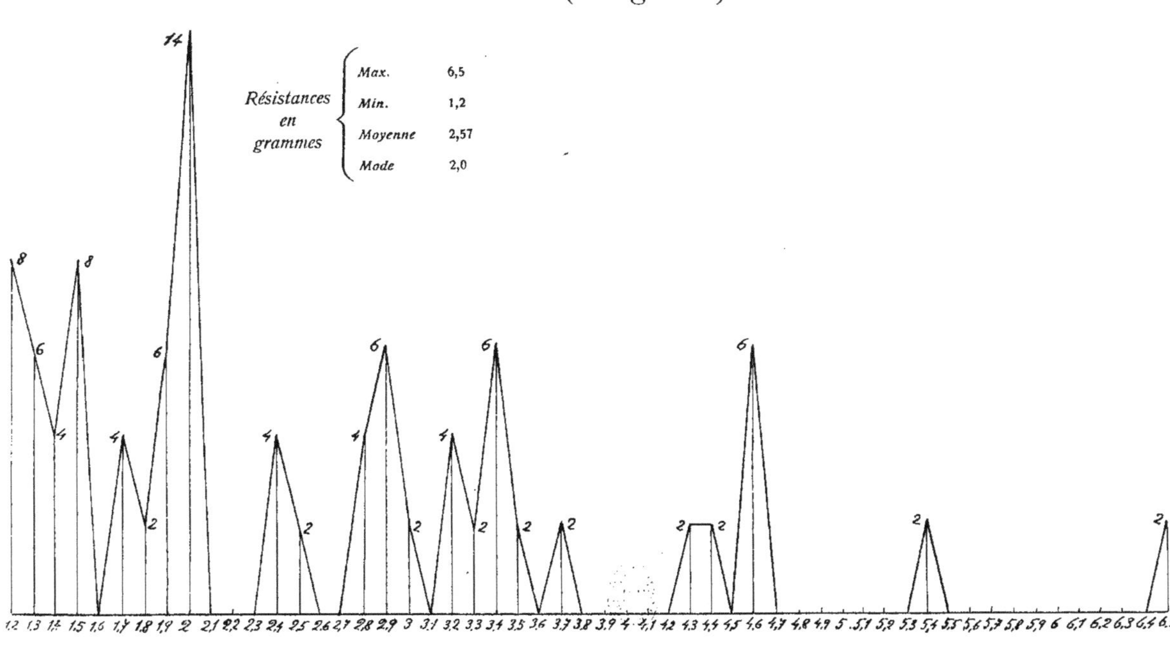

N.o 22 --- Polygone de fréquence des résistances des fibres.

ANNEXES

District de Loanda. — Surfaces cultivées en coton en 1913 [1]

Nons des agriculteurs	Localité	Surfaces cultivés — Hectares	Production total — Coton non égrainé
Carlos Clunny	K.º n.º 72	30	10.000 k.
José Bernardo	Uala	60	31.500
Joaquim F. Amado	N'Gumbi	12	5.800
Rodrigues Azevedo & C.ª	Calumbuze	8	2.600
Joaquim B. Azedo	Tari	6	4.000
Luiz da Rocha Fitas	Cassoneca	40	19.500
Santos & Oliveira	»	40	18.000
Alberto Pereira da Silva	»	10	6.000
Antonio Guerra	Catéte	5	1.500
José Manuel Guedes	Ongo Ambria	3	1.900
Ricardo M. Correia	Lintetes	5	3.100
Antonio Bernardo	Barra do Donde	65	45.000
Différents agriculteurs	—		3.000
Production indigene	—		250.000
Total			401.900

D'après l'Inspection d'Agriculture d'Angola.

Le coton cultivé par les européen est touts de la variété *Upland;* et la production indigéne est des variété *Upland* et *Indigéne.*

Le nombre d'agriculteurs européen qui ont cultivé le coton en 1913, et plus grand que celui de l'année de 1912, parce qu'en 1913 l'arrêt du 7 de Septembre 1912 (voir pag. 105) leur garantissé un subside de 150 fr. par hectare.

District de Benguella — Surfaces cultivées en coton en 1913 [1]

Nom du proprietaire	Localité	Surfaces cultivées — Hectares	Variétés de cotonniers
Plantation S.ta Thereza do Luacho	Luacho	130,0	Sea-Island Indigena (peruviano) Caravonica
Conceição & Coutinho	Catumbela	36,0	Caravonica
Jose Rocha	»	10,0	Indigena
Ferreira Bacelar	Egito	10,0	Sea-Island
Dionisio de Carvalho	Cubal	40,0	Upland
Francisco Ferrreira	Hanha	15,0	Upland et indigéne
Total		281,0	

(1) D'après l'Inspection d'Agriculture d'Angole.

La production moyenne est d'environ 150 kilos de coton égrainé par hectare.

District de Mossamedes — Surfaces cultivées en coton en 1913 [1]

Plantations	Localités	Hectares
Amelia	Cavaleiros	16,0
Santana	Idem	1,5
Ilha	Giraul	4,5
Macala	Rive gauche du fleuve Bero	12,0
Santo Antonio	Monhimo	31,5
São José	Idem	16,5
Santa Rita	Varzea dos Casados	3,0
Progressso	Progresso	1,0
Santa Luzia	União dos Cavaleiros	1,0
Granja	Giraul de Baixo	8,0
Santa Clara	Tampa	3,0
São João do Monte	Rive droit du fleuve S. Nicolau	100,5
Pulpitos	Vale du Coróca	24,5
Espinheiro	Rive gauche du fleuve Bentiaba	16,5
Restauração.	Rive gauche du fleuve Coróca	29,5
Indigénes, (de toutes petites surfaces)	—	
		269,0

(1) D'après l'Inspection d'Agriculture d'Angola.

La production moyenne est d'environ 200 kilos de coton égrainé par hectare.

Exportation de coton par les douanes d'Angola [1]

ANNÉES	District de Loanda Kilogrammes	District de Benguella Kilogrammes	District de Mossamedes Kilogrammes	TOTAL — Kilogrammes
1870	207:746			
1871	277:889	234:904	—	506:793
1872	276:503	185:572	355:556	817:631
1873	85:531	152:828	—	238:359
1874	77:798	175:713	350:338	603:849
1875	65:685		143:895	
1876			—	
1877		73:522	—	
1878		18:845	—	
1879		34:741	—	
1880	122:065	—	—	122:065
1881	—	—	—	—
1882	—	—	—	—
1883	—	22:709	153:080	175:789
1884	—	29:627	159:694	189:321
1885	—	26:931	183:694	210:625
1886	—	26:961	80:738	107:699
1887	—	17:728	69:065	86:793
1888	49:553	9:087	—	58:640
1889	35:511	32:324	—	67:835
1890	73:137	21:910	106:815	201:862
1891	39:935	20:015	118:051	178:001
1892	9:435	—	49:445	58:880
1893	33:276	1:587	77:983	112:846
1894	19:387	—	40:201	59:588
1895	54:783	—	52:393	107:176
1896	57:241	—	76:298	133:539
1897	16:178	1:305	44:665	62:148
1898	102:354	—	43:469	145:823
1899	22:633	—	30:819	53:452
1900	13:198	—	30:069	43:267
1901	20:418	—	25:223	45:641
1902	14:388	—	36:871	51:259
1903	10:889	4:484	18:913	34:286
1904	47:097	13:373	67:705	128:178
1905	65:676	12:412	28:954	107:042
1906	35:404	5:892	15:666	56:962
1907	71:463	7:227	15:269	93:959
1908	28:809	7:365	15:095	51:269
1909	44:704	4:089	28:634	77:427
1910	107:290	5:201	31:815	144:306
1911	52:555	11:708	59:988	124:251
1912	78:986	13:151	5:132	97:269
1913	98:354	14:962	60:640	172:956

(1) Excepté le district du Congo.

Exportation de coton par les douanes du Mozambique [1]

Années	Territoires de la Compagnie du Nyassa — Kilogrammes	Quelimane — Kilogrammes	Chinde — Kilogrammes	Inhambane — Kilogrammes	Lourenço Marques — Kilogrammes	Total — Kilogrammes
1907	25.569	374	—	—	—	26.940
1908	26.920	—	997	—	1.593	27.513
1909	40.321	—	22.702	—	—	63.023
1910	43.652	889	12.412	—	—	56.953
1911	35.013	—	30.058	370	—	65.411
1912	35.527	—	—	—	—	35.527

[1] Excépté les territoires de la Compagnie du Mozambique.

Arrêts concernant l'encouragement de la culture du cotonnier dans les Colonies Portugaises

Arrêt du 20 Mars 1906, établissant plusieurs prévoyances pour le développement de la culture du coton aux colonies

Article 1er — Les Bourses de Lisbonne et Porto feront des transactions sur le coton colonial, d'après le Code Commercial, et à la vue des échantillons ou des types commerciaux qui seront organisés et présentés par les vendeurs, tout en désignant la provenance et les quantités existantes en dépôt ou en voyage.

On établira dans chaque région par l'intermède des associations commerciales et industrielles de Lisbonne et Porto et de ses congénères des colonies, des commissions ayant pour but l'achat du coton au compte et à l'ordre des commerçants et des industriels et à encourager et proteger sa culture

1o — La cotation des cotons coloniaux sera établie d'après la nomenclature et la classification des produits similaires des marchés étrangers, tout en attendant aux types plus employés par l'industrie nationale.

2o —,Par le Ministère de la Marine et de l'Outremer on fera la communication télégraphique des cours aux marchés de Lisbonne et Porto, aux provinces de l'Outremer productrices de coton, et qui seront publiées chaque semaine dans les bulletins officiels respectifs.

3o — Si une ou plusieurs associations ou centres promoteurs cotonniers viennent à s'établir au pays, dans le genre de ceux existants en Allemagne, Angleterre et France, on leurs accordera des attributions analogues à celles qui sont indiquées dans cet article pour les associations commerciales et industrielles.

Article 2e — Les concessions de terrains destinés à la culture du coton aux provinces de l'outremer, seront réglées par les dispositions suivantes:

a) Les concéssions seront faites par emphytéose, indépendamment d'enchère et avec la clause de rémission du cens, mais, néanmoins à la condition que l'emphytéote ait cultivé, au minimum, la cinquième partie de l'aire concédée;

b) Le prix du cens est fixé à 5 centimes par hectare;

c) Les concessions ne pourront être supérieures à 1.000 hectares concédés par colon ou agriculteur, et les aires concédées seront en rapport avec les recours dont les requérants prouvent pouvoir disposer et avec la nuture et la situation des terrains;

d) Sauf cause légitime et comprovée, les terrains concédés devront être convenablement cultivés dans le délai maximum de cinq années, et qui, sera fixé dans le brevet de concession; en outre les emphytéotes doivent, étant dévolue la période de deux années, comptées de la date des diplômes de concessions respectifs, avoir mis en culture régulière, au minimum, la cinquième partie de ces terrains. Ceux des emphytéotes qui seront en manque de cette disposition, perdront le droit aux terrains qui leurs aient été concédés, ou payeront une amende annuelle variable, selon les cas, entre 50 centimes et 2,50 francs par hectare ou fraction d'hectare non utilisé; en outre, tous les terrains quî aient été amendés pendant trois ans, seront retournés à l'État;

e) Les concessions seront accordées par les gouverneurs des provinces respectives, et sans autorisation supérieure: néanmoins elles ne pourront être transmises, ni aliénées, sans l'autorisation spéciale du Gouvernement;

f) Les emphytéotes seront soumis aux dispositions de la législation en vigueur sur concessions de terrains à l'outremer qui n'auront pas été modifiées par les règles précédentes, mais ne seront pas contraints à la caution par dépôt.

§ *uuique* — Dans les «*Prazos da Corôa*» les emphytéóses destinées à la culture du coton seront faites d'après l'arrêt du 18 Novembre 1890 et les règléments du 7 Juillet et du 7 Octobre 1892, et d'après les modifications introduites par les règles énnumérées dans cet article.

Article 3ème — Est accordée, en faveur du coton non filé, non égrainé, produit dans les provinces d'outremer et pendant la période de quinze ans, au moins, l'exportation libre de droits par les douanes de toutes les provinces d'outremer, aussi bien que l'importation par les douanes du royaume et des îles adjacentes, et celà d'après les articles 1er et 3ème de l'arrêt du 2 Septembre 1901; par rapport à l'importation par les douanes du royaume et des îles adjacentes, l'entrée libre ne sera accordée que pour le coton importé par des navires portugais, ou par des navires étrangers pour celui produit dans des possessions pour lesquelles la navigation nationale ne sera pas régulière.

Article 4ème. — Sera libre de payement de tout additionnel pour la contribution industrielle le coton non filé, ou non égrainé, produit aux provinces d'outremer, manufacturé par les usines nationales, et dont l'importation par les douanes du royaume ou des îles adjacentes aura lieu par des bateaux portugais, ou par dés bateaux étrangers provenants de possessions d'outremer pour lesquelles la navigation régulière sous le drapeau national n'éxistera pas.

Article 5ème — L'entrée libre de droits pour les machines, instruments et outils pour l'agriculture et l'industrie, importées par les douanes d'ontremer, continue d'être accordée, et cela d'après l'article 4ème de la loi du 2 septembre 1901, et l'ordre ministérielle du 11 novembre 1904.

Ariicle 6ème — Le Gouvernement est autorisé à établir, si des particuliers ne le feront pas, les postes expérimentaux cotonniers qu'il jugera nécèssaires à la sélection et à la production de semences, bien qu'à la plantation et culture; à acquerir et installer des machines modèles pour l'apprentissage du personnel employé à la culture et à l'exploitation du coton aux provinces d'outremer, et à fixer dans le budget de ces provinces la somme nécèssaire prévue pour ces dépenses.

Article 7ème — Le Gouvernement est autorisé à permettre l'entrée libre de droits de tout le matériel de transport, importé par les centres producteurs de coton colonial.

Article 8ème — Sera permise l'entrée libre de droits pour les semences de coton importées par les provinces d'outremer, quant on prouverà qu'elles ont été choisies aux centres de production par des techniciens nationaux, ou par l'intermède des sociétés cotonnières étrangères, et celá étant garantie sa pureté et son indemnité.

Article 9ème — Pour tontes les provinces d'outremer, l'exploitation agricole et industrielle du coton, jusqu'à sa transformation en coton égrainé, est libre de tout impôt et cela d'après l'article 6 de l'arrèt du 2 septembre 1901.

Article 10ème — Est abrogée la législation contraire à cet arrêt.

Arrêt du 7 septembre 1912, concernant l'encouragement de la culture du coton à la province d'Angola

Article prémier — Tout propriétaire et tout agriculteur de la province d'Angola, qui cultiverá et mantiendrá à nouveau la culture, dès la date de la publication de cet arrêt, de dix hectares de coton, ou des aires supérieures receverá un subside annuel de 1.500 francs, par dix hectares de terrain cultivé et cela exclusivement pendant une période de deux ans.

Article 2ème — Ce subside ne sera accordé qu'à la suite de la récolte, et ayant été prouvé que le revenu à été supérieur à 200 kilogrammes de coton égrainé par hectare, sauf dans le cas prévu à l'article 5ème, et ne pouvant jamais être supérieur à la somme de 30.000 francs pour chaque propriétaire, ou agriculteur, n'importe la surface de terrain qu'il ait cultivée.

§ unique — Será procéssé criminellement et puni avec la peine prévue au Code Penal, tout propriétaire ou agriculteur, qui aura présenté comme cultivé à nouveau du coton qui ne l'ait pas été, ou ayant été cultivé par autrui.

Article 3ème — La somme totale accordée pour ce subside ne pourra exceder 450.000 francs par an.

Article 4ème — Ou ferá un partage parmi les cultivateurs à subsidier, si le nombre d'hectares cultivés à nouveau s'élever à plus de 3.000 hectares; le subside será alors proportionnel à l'aire plantée.

Article 5ème — Le gouvernement de la province après avoir fait le partage d'après l'article précédant, pourra avancer la moitié du subside contre un intérêt annuel de trois pour cent, aux cultivateurs qui se proposent cultiver le coton; cet avancement ne pourra être accordé qu'à ceux qui donneront caution, on hypothèque garantie, de façon à garantir à l'Etat le remboursement de la somme avancée dans le cas où ils perdreront le droit au subside, dans le total, ou en partie. L'autre moitié du subside ne será payée qu' après récolte, et ayant été prouvé le rendement minimum, prévu à l'article 2ème de cet arrêt.

Article 6ème — Le remboursement, par l'État prévu à l'article précédant, aura toujours lieu pour tout agriculteur, qui n'aura recueilli au moins 200 kilogrammes par hectare, ou qui n'aura cultivé l'aire totale pour laquelle il aura demandé l'avancement. L'Etat será remboursé non seulement de la somme avancée, mais aussi des revenus à raison de 6 pour cent par an.

Article 7ème — Les agriculteurs qui auront demandé les subsides, auxquels se rapporte cet arrêt, deveront s'assujetir aux déterminations qui leurs seront indiquées par l'Inspection de l'Agriculture.

§ unique — Le gouvernement général de la province pourra disposer d'une somme maximum de 50.000 francs, pour engager un spécialiste connaisseur de la culture du coton, et pour toutes les autres dépenses qu'il faudra faire pour satisfaire à ce qui est dit dans cet article.

Article 8ᵉᵐᵉ — Si le terrain à subsidier ne sera pas compris dans la zone déjà reconnue comme propre à cette culture, le subside ne pourra être acordé sans que l'Inspection d'Agriculture ait informé favorablement. L'avis de l'Inspection d'Agriculture à ce sujet sera demandé avant que la culture soit commencée.

Article 9ᵉᵐᵉ — L'Inspection d'Agriculture devera fournir, aux circonscriptions civiles des semences de coton qui seront distribuées gratuitement aux indigènes.

Article 10ᵉᵐᵉ — Seul le Gouvernement de la province pourra acheter, au moins pendant la période de deux années accordé pour les subsides auxquels se rapporte cet arrêt, le coton cultivé par les indigènes. A cet effet les administrateurs de la circonscription, ou les autorités locales, qui les remplaceront, deveront avoir toujours à leure disposition la somme nécessaire au payement immédiat de tout le coton, soit égrainé ou non égrainé, qui leurs sera offert par les indigènes.

Article 11ᵉᵐᵉ — Le gouvernement de la province devant être, suivant ce qui est prescrit à cet arrêt, le seul acheteur de tout le coton cultivé par les indigènes, tout contrevenant será puni conformèment au règlement.

Article 12ᵉᵐᵉ — Les payements indiqués à l'article 10, seront faits d'après des listes organisées par l'Inspection de l'Agriculture.

Article 13ᵉᵐᵉ — Des postes cotonniers seront établis aux régions propres à la culture du cotonnier, et qui seront fournis de machines propres pour l'égrainage et l'emballage du coton acquis dans les conditions de l'article 10.

Article 14ᵉᵐᵉ — Les postes pourront aussi égrainer et emballer le coton produit par les agriculteurs européens, qui désirèront s'en utiliser, et cela aux prix officiellement établis par l'Inspection de l'Agriculture.

Article 15ᵉᵐᵉ — Les postes pour le traitement du coton établis par cet arrêt, aussi bien que ceux qui l'aient été par la legislation antérieure, auront pour but non seulement ce qui est dit aux articles précédants, mais aussi la culture du coton et la sélection des variétés de cotonniers, les plus adaptables aux régions où ils seront installés.

Article 16ᵉᵐᵉ — Pour l'encouragement de la culture du coton par les indigènes, le gouvernement de la province est autorisé à permettre le payement en coton d'une partie de l'impôt payé par les indigènes, et à permettre le non payement de cet impôt, à tous les indigènes qui auront récolté un minimum de 200 kilogrammes de coton non égrainé, ou son correspondant en coton égrainé; et enfin à établir toutes autres prévoyances pour la réalisation du bu auquel tend cet arrêt, mais d'après l'autorisation supérieure.

Article 17ème — Si le Gouverneur Génèral de la province le trouverà à propos, et après avis du Conseil du Gouvernement, il pourra retirer de la somme indiquée à l'article 3, la somme de 90.000 francs afin de subsidier d'autres cultures, mais cela d'après les dispositions de cet arrêt.

Article 18ème — Les sommes nécessaires à l'éxécution ds cet arrêt seront fournies d'après ce qui suit:

De la somme mise à la disposition du gouvernement par la *base* 15 de la loi du 27 mai 1911, soit 500.000 francs. De la somme de colonisation. De la somme établie par l'article 14.

Article 19ème — Les administrateurs de la circonscription de la province d'Angola devront fournir, suivant ce qui est dit à l'arrêt du 27 mai 1911, les indigènes nécéssaires à la culture et à l'exploitation du coton.

Article 20ème — Le Gouverneur de la province d'Angola; après avoir consulté le Conseil du Gouvernement, établira le règlement pour l'exècution de cet arrêt.

Article 21ème — Est abrogée la législation contraire à cet arrêt.

FIN

Table des Matières

Errata

Entre pag. 58 et 59, on lit : N.º 13 — Polygone, etc. — lire : N.º 15 — Polygone, etc.

Entre pag. 74 et 75, on lit : N.º 19 — Polygone, etc. ; N.º 22 — Polygone, etc. — lire : N.º 16 — Polygone, etc. et N.º 17 — Polygone, etc.

Entre pag. 80 et 81, on lit : N.º 16 — Polygone, etc. — lire : N.º 18 — Polygone, etc.

N.º 18. Polygone de fréquence des longueurs des fibres (entre pag. 80 et pag. 81) : On lit : *moyenne 25,53*, lire : *moyenne 22,9*.

Entre pag. 84 et 85, ont lit : N.º 17 — Polygone, etc. — lire : N.º 19 — Polygone, etc.

N.º 20. Polygone de fréquence des résistances de fibres (entre pag. 88 et pag. 89) : On lit : *moyenne 6,478*, lire : *moyenne 7,29*. On lit : *mode 6*, lire : *mode 6,5*.